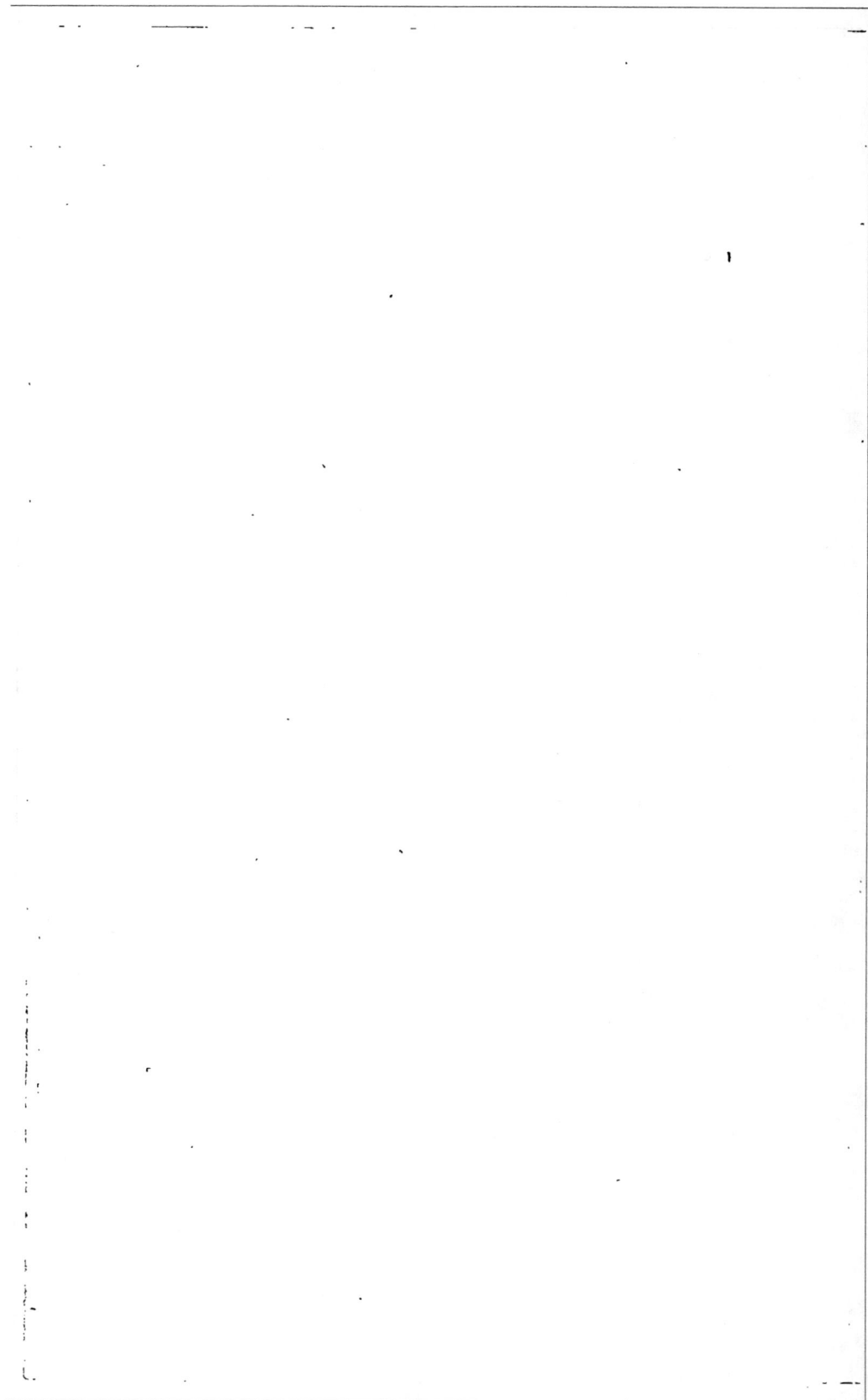

HOTEL DES INVALIDES

8° Z Le Senne 3283

Cet ouvrage a été déposé au ministère de l'intérieur (section de la librairie) en juin 1874.

PARIS. TYPOGRAPHIE DE E. PLON ET Cie, RUE GARANCIÈRE, 8.

HOTEL DES INVALIDES

MUSÉE D'ARTILLERIE

ET

TOMBEAU DE NAPOLÉON Iᴱᴿ

SUIVIS D'UNE

NOTICE SUR SES DERNIERS MOMENTS

PAR

L'ANCIEN AUMONIER DU SÉNAT

Constantin DE PIÉTRI

Ouvrage orné de gravures

L'idée de dédier des monuments aux hommes qui se rendent utiles au peuple est honorable pour les nations.   Napoléon 1er.

PARIS

E. PLON et Cie, IMPRIMEURS-ÉDITEURS

10, RUE GARANCIÈRE

1874

AVERTISSEMENT

Suivant le dessein que nous nous sommes proposé en publiant ce petit écrit, nous commençons, après avoir eu soin de nous bien renseigner auprès des différents chefs de service de l'Hôtel des Invalides, par donner un aperçu de cet hôtel si intéressant à tous égards.

Le Musée d'artillerie, qui vient d'y être transféré, n'étant pas moins intéressant, nous en donnons également un abrégé descriptif.

Nous passons ensuite à la description du tombeau de Napoléon Ier, placé sous le dôme qui en est le couronnement.

Enfin, c'est auprès de ce monument funèbre que nous rappelons les derniers moments de Napoléon à tous ceux qui visitent sa dernière demeure avec le respect et la vénération qu'inspirent et commandent tout à la fois « la gloire et le génie, la grandeur et le malheur. »

On peut visiter :

L'Hôtel des Invalides, tous les jours, de onze heures à quatre heures, excepté le dimanche ;

Le Musée d'artillerie, les mardis, jeudis et dimanches, de une heure à trois heures, depuis le 1er octobre jusqu'au 1er avril, et de une heure à quatre heures depuis le 1er avril jusqu'au 1er octobre ;

Et le tombeau de Napoléon Ier, les lundis, mardis, jeudis et vendredis, de midi à trois heures.

Quant au Musée des plans-reliefs, il n'est ouvert aux visiteurs que du 15 mai au 30 juin, et encore faut-il qu'ils soient munis d'une carte qui s'accorde néanmoins sans difficulté au Dépôt des fortifications du ministère de la guerre.

PREMIÈRE PARTIE

HÔTEL DES INVALIDES

I

NOMS DES GOUVERNEURS DES INVALIDES

Avant de parler de l'Hôtel des Invalides et des beautés qu'il renferme, nous donnons les noms des gouverneurs qui s'y sont succédé depuis sa fondation jusqu'à ce jour, et qui n'y sont arrivés qu'après avoir blanchi sous les drapeaux, ou versé leur sang pour la patrie, ainsi qu'on pourra en juger même par la liste suivante, qu'il nous a été donné de revoir d'après celle qui se trouve aux Archives, et qui est sans doute la plus exacte et la plus complète, bien qu'elle ne fasse pas mention des promotions qui ont paru dans l'*Almanach royal* de l'époque, en faveur des gouverneurs de Beaujeu, de Saint-André et de la Courneufve.

1° En 1675, François LEMAÇON, seigneur d'Or-MOY, prévôt des bandes à la police du régiment des gardes françaises.

2° En 1678, André BLANCHARD DE SAINT-MARTIN, maréchal général de la cavalerie de France.

3° En 1696, Nicolas DES ROCHES D'ORANGE, maréchal général de la cavalerie de France.

4° En 1705, Alexandre DE BOYVEAU, ancien capitaine au régiment de Bourgogne, maréchal des camps ès armées du roi.

5° En 1728, Eugène DE BEAUJEU, maréchal des camps ès armées du roi, puis brigadier d'infanterie.

6° En 1730, Pierre DE WISSECQ DE GANGES, lieutenant-colonel de Beaufremont-dragons, lieutenant général.

7° En 1738, DE SAINT-ANDRÉ, maréchal des camps ès armées du roi, puis lieutenant général.

8° En 1742, Jean-Marie CORNIC DE LA COUR-NEUFVE, mestre de camp, puis lieutenant-colonel du régiment royal de dragons.

9° En 1753, François d'AZÉMART DE PANNAT, comte de LA SERRE, maréchal des camps, puis lieutenant général des armées du roi.

10° En 1766, Jean-Joseph DE SAHUGUET, baron d'ESPAGNAC, maréchal des camps, depuis lieutenant général ès armées du roi, d'abord adjoint à M. le comte de la Serre, et quatre mois après, à la mort de ce dernier, nommé titulaire.

11° En 1783, Charles BENOIT, comte de GUIBERT, maréchal des camps, puis lieutenant général ès armées du roi.

12° En 1786, Charles-François VIREAU, marquis DE SOMBREUIL, maréchal des camps, puis lieutenant général ès armées du roi.

En 1793, administration de la Commune de Paris, sous l'autorité du ministre de l'intérieur.

De 1794 à 1795, agence composée de trois membres nommés par le Comité de salut public, et placée sous la surveillance de la commission des secours publics.

De 1795 à 1796, Armand DE BAVILLE, général de brigade, commandant en chef l'Hôtel des Invalides.

En 1796, Louis-Adrien BRICE DE MONTIGNY, général de divison, commandant en chef l'Hôtel des Invalides.

13° En 1797, Jean-François BERRUYER, général de division, d'abord commandant en chef l'Hôtel des Invalides, puis gouverneur le 27 avril 1803.

14° En 1804, Jean-Matthieu-Philibert, comte SÉRURIER, général de division, puis maréchal de France et membre du Sénat conservateur.

15° En 1816, Marie-François-Henry DE FRANQUETOT, duc de COIGNY, ancien général ès armées du roi, puis maréchal et pair de France.

16° En 1821, Marie-Victor-Nicolas DE FAY, marquis DE LATOUR-MAUBOURG, lieutenant général et pair de France.

17° En 1830, Jean-Baptiste, comte JOURDAN, maréchal et pair de France.

18° En 1833, Bon-Adrien-Jeannot MONCEY, duc DE CONEGLIANO, maréchal et pair de France.

19° En 1842, Nicolas-Charles OUDINOT, duc DE REGGIO, maréchal et pair de France.

20° En 1847, Gabriel-Jean-Joseph, comte MOLITOR, maréchal de France, nommé grand chancelier de la Légion d'honneur, le 23 décembre 1848.

21° En 1849, Jérôme BONAPARTE, frère de l'empereur Napoléon Ier, général de division, puis maréchal de France (1850), nommé président du Sénat, le 29 décembre 1851.

22° En 1852, Jean-Thomas ARRIGHI DE CASANOVA, duc DE PADOUE, général de division et sénateur.

23° En 1853, Philippe-Antoine, comte D'ORNANO, général de division, sénateur, puis maréchal de France.

24° En 1863, Charles-Anatole-Alexis, marquis de LAWOESTINE, général de division, sénateur.

25° En 1870, Edmond-Charles DE MARTIMPREY, général de division, sénateur.

II

VUE EXTÉRIEURE DE L'HOTEL

L'Hôtel des Invalides, destiné aux militaires que l'âge ou de glorieuses blessures condamnent au repos, est, sans contredit, un des monuments les plus riches et les plus utiles du règne de Louis XIV, qui a pu ainsi réaliser l'idée de ses prédécesseurs et agrandir celle des anciens sans avoir été surpassé par les nations modernes, qui veulent en tout le progrès.

Placé au bout du quartier Saint-Germain, sur la rive gauche de la Seine, en face d'une esplanade grandiose, dont il ne fut doté toutefois qu'en 1720, et qui s'étend jusqu'au quai, il occupe avec ses dépendances une superficie de 115,150 mètres, et il n'a pas moins de 332 mètres de large sur 480 de long depuis le fossé de la façade jusqu'à la grille du dôme, du côté de la place Vauban.

Les fondations en furent jetées en 1671, sous la direction de l'architecte Libérat-Bruant; et pourtant, dès 1674, il se trouva en état de recevoir, grâce à la vive sollicitude de Louvois, ministre de la guerre, les invalides logés momentanément rue du Cherche-Midi, à la Croix-Rouge, parmi lesquels il y en avait deux presque centenaires, qui avaient assisté aux batailles d'Arques et d'Ivry.

Ce grand et beau monument a pour avenue une avant-cour ornée de petits jardins, divisés en différentes allées aboutissant à la grande porte d'entrée et aux deux autres portes latérales.

L'avant-cour, défendue par un fossé d'environ trois mètres de profondeur sur six de largeur, est décorée d'une magnifique grille en fer, construite entre deux pavillons servant de corps de garde, et bordée de part et d'autre d'une *batterie triomphale*, destinée à annoncer les grands événements.

Cette batterie, dont les bouches à feu sont montées sur des affûts à roues, se compose de deux mortiers algériens, de deux canons russes, de deux hollandais, d'un wurtembergeois, d'un vénitien, de deux autrichiens et de huit prussiens, fondus à Berlin en 1708, enlevés par les Autrichiens à la suite de la bataille de Gœrlitz, en 1757, et évacués de Vienne sur Strasbourg, en 1805, par les Français, après la bataille d'Austerlitz.

On voit aussi, des deux côtés de la grille d'entrée, d'autres bouches à feu, qui forment la *batterie-trophée* : seize canons algériens, trois chinois, un cochinchinois et deux français, ayant fait partie de la batterie de brèche devant Constantine en 1837.

La façade de l'Hôtel est d'un aspect imposant : sur une étendue de 196 mètres, elle présente trois pavillons avancés et quatre étages de croisées dont le quatrième est éclairé par des lucarnes formant trophées.

L'entrée principale figure un arc de triomphe au milieu duquel on voit la statue équestre de Louis XIV, accompagnée de la Justice et de la Prudence. Ce bas-relief ayant été détruit dans le cours de la Révolution, a été rétabli, en 1816, par Cartelier.

Aux côtés de la grande porte d'entrée sont les statues de Mars et de Minerve, dues au ciseau du célèbre sculpteur Guillaume Coustou. La tête d'Hercule, au-dessus, est du même artiste.

Aux extrémités des deux grands pavillons qui terminent la façade, se trouvent les quatre statues en bronze qui décoraient le monument de la place des Victoires, et que le premier consul y fit placer sur des piédestaux en 1800. Ces statues, chef-d'œuvre de Desjardins, désignent les ennemis dont la France a triomphé.

Il serait question de décorer aussi les avenues

qui rayonnent autour de l'Hôtel des Invalides, des statues de nos grands hommes de guerre, d'après le projet conçu par Napoléon Ier dans la visite qu'il y fit le 11 février 1800.

En songeant que les plus grands monarques tels que Philippe-Auguste, saint Louis, Charles V, Charles VIII, Louis XII, François Ier, Henri III, Henri IV et Louis XIII, s'étaient occupés de réunir les Invalides dans un seul établissement, il est à croire qu'on respectera à tout jamais l'œuvre du grand Roi.

III

VUE INTÉRIEURE DE L'HOTEL

L'intérieur de ce magnifique édifice est digne de sa destination. Tout y mérite d'attirer l'attention du public : la Cour d'honneur, — l'Église, — le Caveau des gouverneurs, — l'Infirmerie, — les Réfectoires, — la Bibliothèque, — la Salle du conseil, — et la Galerie des plans-reliefs.

I

COUR D'HONNEUR

La Cour d'honneur, précédée d'un vestibule soutenu par quatre colonnes et douze demi-colonnes encastrées dans le mur, est remarquable par son étendue, qui n'a pas moins de 102 mètres de long sur 64 de large. L'enceinte qu'elle embrasse se compose de quatre grands corps de bâtiments, sur-

montés d'un fronton et d'une galerie à doubles arcades en portique, terminée par des lucarnes ornées
de trophées. Le grand corps de bâtiment, en face
de l'entrée, est décoré d'une belle statue de Napoléon Ier et d'une magnifique horloge à équation, de
1780, due au célèbre Lepaute. Au-dessus, on aperçoit le comble de l'église, surmonté d'un campanile.

Enfin les peintures murales que ses longues.gale-
ries y étaleront la rendront encore plus remarquable.

Déjà, sous la première partie de la galerie
d'*Orient,* de 43 mètres de longueur sur 5 mètres de
hauteur, sont retracés les grands événements arrivés
en France depuis le passage du Rhin par les Francs
vers l'an 431, jusqu'à l'établissement des com-
munes (1070). Charlemagne y occupe le centre.

La Guerre et la Paix sont représentées sur le dessus de porte, de 15 mètres de long sur 3 de haut,
de la susdite galerie, qui rappellera sur l'autre partie,
d'égale étendue, d'autres événements mémorables,
depuis Hugues Capet jusqu'au supplice de Jeanne
d'Arc; au milieu s'élèvera la figure de saint Louis.

Sous la première partie de la galerie d'*Occident,*
qui a la même étendue que celle d'*Orient,* seront
reproduits des événements plus surprenants, depuis
les états généraux jusqu'à la prise de Sébastopol;
Napoléon Ier y paraîtra au centre.

La Loi et la Justice seront représentées sur le
dessus de porte de ladite galerie, qui montrera sur
l'autre partie, de même étendue, d'autres événe-

ments dignes de mémoire, depuis Louis XI jusqu'au moment de l'ouverture des états généraux ; au milieu, Louis XIV.

Ce qui se voit de cette vaste composition historique, due au pinceau de Bénédict Masson, a du nerf, de l'entrain et des hardiesses réglées. Peut-être les figures en sont-elles cernées dans des contours trop épais.

II

ÉGLISE SAINT-LOUIS, DITE DES INVALIDES

Cette église, dont l'entrée, précédée d'un porche, se trouve au fond de la Cour d'honneur, a été construite sur les dessins de l'architecte Libérat-Bruant.

Comme elle aboutit au dôme, destiné désormais à protéger la tombe de Napoléon Ier, elle vient d'en être séparée par de grandes glaces, posées sur un soubassement en marbre de différentes couleurs.

Sa longueur est de 72 mètres, sur 24 de largeur et 22 d'élévation.

Elle comprend une nef et deux bas-côtés, formés par neuf arcades au-dessus desquelles s'élève une galerie à appui.

La nef et les bas-côtés sont éclairés par trente-six croisées ou vitraux, et par dix-huit baies percées sur l'entablement de la voûte, que supportent des colonnes d'ordre corinthien.

L'aspect qu'elle présente est à la fois religieux et martial.

La voûte de l'arcade, d'une régularité parfaite, est ornée de différents symboles religieux, ainsi que de roses, de fleurs de lis et de couronnes, en bas-relief.

Les pilastres qui lui servent d'appui sont décorés de feuilles de laurier, de blasons et de guirlandes de cyprès, au milieu desquelles on lit les noms des gouverneurs de l'Hôtel, des maréchaux et des officiers supérieurs, dont les dépouilles mortelles reposent dans le caveau creusé sous le maître-autel.

Un beau jeu d'orgues est placé au-dessus de la porte d'entrée.

A droite se trouve le Baptistère ; et à gauche, la Passion, représentant le Christ en croix ; au pied, la sainte Vierge et saint Jean, ouvrage du célèbre sculpteur Malchnéit ; et dans l'autel, le Christ au tombeau, peinture d'un très-bel effet.

Les deux chapelles latérales, construites de nos jours, sous la direction de l'architecte Auguste Rougevin, produisent également un bel effet.

La chaire, en marbre blanc veiné, que rehausse une espèce de dais, soutenu par quatre colonnes en marbre, avec chapiteaux, bases et ornements en bronze, présente, entre les colonnes du fond, sur des rayons d'or, les Tables de la loi, ciselées avec un art infini.

Des drapeaux, étendards et pavillons, au nombre

de deux cent quatre-vingts, provenant de nos dernières guerres en Afrique, dans le Maroc, en Crimée, en Italie et au Mexique, sont appendus aux angles de la nef et à la voûte.

Quant aux quatre panoplies que l'on aperçoit sur les colonnes situées derrière le maître-autel, elles ne sont rien moins que les débris des dix-huit cents drapeaux environ que le maréchal Sérurier, pour ne pas les livrer à l'ennemi, fit brûler avec l'épée et les décorations de Frédéric II, roi de Prusse, le 2 avril 1814, dans la Cour d'honneur, en présence de l'état-major de l'Hôtel et des vieux soldats de la République et de l'Empire. Ce qui donna lieu à cette exclamation sublime, de la part d'un invalide amputé d'un bras et d'une jambe : « Ainsi disparaissent en fumée et en cendres gloire militaire, brillants faits d'armes, souvenir des conquêtes. Il n'y a d'éternel que l'amour de la patrie et de la liberté. »

L'église est desservie par un curé et deux vicaires.

III

CAVEAU DES GOUVERNEURS

Le Caveau des gouverneurs a été creusé au centre de la nef, dans une étendue d'un peu plus de 15 mètres de long sur 3 mètres de large et 2 d'élévation. Il n'était destiné dans le principe

qu'à recevoir les corps des gouverneurs de l'Hôtel.
Une décision ministérielle du 8 mars 1788 avait
même établi qu'à l'avenir personne n'y serait
inhumé. Malgré cette décision, le gouvernement
consulaire l'ayant consacré aussi à la sépulture des
héros et des plus illustres défenseurs de la patrie, il
avait grand besoin d'être agrandi et même trans-
formé, car on n'y descendait que pour y déposer les
cercueils sur le sol. C'est ce qui a été fait fort heu-
reusement, en 1847, sous la direction de l'architecte Auguste Rougevin, qui a su donner au caveau
une hauteur de 3 mètres 50 centimètres sous voûte,
le terminer par un cul-de-four de 2 mètres 10 centimètres, et creuser, dans chacune des parties latérales, cinq grandes tranchées, dans lesquelles ont
été établis sept compartiments ou cases pour recevoir les cercueils. C'est entre ces cinq grandes parties que sont placées des urnes sur des fûts de
colonnes. Au fond du caveau se dresse un autel,
que l'on aperçoit à la lumière qui pénètre à l'intérieur par la voussure, garnie en dalles de glaces
dépolies et de niveau avec le dallage de l'église. On
y célèbre les saints mystères sans être incommodé
le moins du monde, grâce à deux grands ventila-
teurs qui passent sous le dallage de la nef et
sortent le long des piliers. Un large escalier, construit dans le retable du maître-autel, donne un
accès facile à ce caveau, où reposent, avec les
dépouilles des anciens gouverneurs de l'Hôtel,

François Lemaçon, seigneur d'Ormoy ; Jean-Joseph Sahuguet, baron d'Espagnac ; et Charles Benoît, comte de Guibert, toutes celles qui y ont été déposées depuis l'an VIII jusqu'à ce jour, et dont nous allons donner la date exacte avec celle de leur mort et même de leur naissance.

En 1800, 22 septembre, translation, du musée des monuments français à l'Hôtel des Invalides, du corps du maréchal de Turenne, né le 11 septembre 1611, à Sedan (Ardennes), tué d'un coup de canon, le 17 juillet 1675, au champ de Salzbach (grand-duché de Bade). — Le corps de ce maréchal a été replacé depuis dans le monument qui était à Saint-Denis, et que le premier consul a fait ériger dans une des chapelles du dôme.

En 1804, inhumation des restes mortels du général de division Berruyer, gouverneur des Invalides, né le 6 janvier 1738, à Lyon, mort le 17 avril 1804, à Paris.

En 1808, 26 mai, translation, du ministère de la guerre dans le mausolée érigé vis-à-vis de celui de Turenne, sous le dôme, du cœur du maréchal de Vauban, né le 15 mai 1633, à Saint-Léger-de-Foucherets (Yonne), décédé le 30 mars 1707, à Paris. — On lit dans les archives de l'Hôtel, que, le 31 janvier 1852, le cœur de ce maréchal a été descendu, avec l'urne qui le contenait, dans le Caveau des gouverneurs, et placé par Visconti sur un piédestal préparé pour le recevoir.

En 1810, 9 février, dépôt du cœur du maréchal Lannes, duc de Montebello, né le 11 avril 1769, à Lectoure (Gers), tué le 22 mai 1809, d'un coup de canon, qui lui fracassa les deux genoux, à la bataille d'Essling (Autriche).

En 1813, 13 février, inhumation de la dépouille mortelle du comte de la Riboisière, général d'artillerie, né le 18 août 1759, à Fougères (Ille-et-Vilaine), mort le 21 décembre 1812, dans la retraite de Russie, à Kœnigsberg (Prusse).

En 1813, dépôt du cœur du comte Éblé, général d'artillerie, né le 21 décembre 1758, à Saint-Jean-de-Rohrbach (Moselle), mort le 31 décembre 1812, dans la retraite de Russie, à Kœnigsberg (Prusse).

En 1813, dépôt du cœur du général de division Baraguey-d'Hilliers, né le 13 août 1764, à Paris, mort le 6 janvier 1813, à Berlin (Prusse).

En 1813, inhumation du corps du maréchal Bessières, duc d'Istrie, né le 6 août 1768, à Prayssac (Lot), tué le 1er mai 1813, au combat de Weissenfels (Saxe), d'un coup de canon qui, en lui fracassant le poignet avec lequel il tenait la bride de son cheval, l'atteignit en pleine poitrine et le renversa.

En 1813, inhumation du corps du grand maréchal du Palais, Michel du Roc, duc de Frioul, dit Duroc, né le 25 octobre 1772, à Pont-à-Mousson (Meurthe), tué le 22 mai 1813, à la bataille de Bautzen (Saxe), d'un boulet qui, en venant frapper un arbre près de Napoléon, lui avait, en ricochant, déchiré les entrailles.

En 1817, 14 février, translation, de l'hôtel de la Légion d'honneur aux Invalides, du cœur du général de division d'Haùtpoul, né le 13 mai 1754, à Salettes, commune de Cahuzac (Tarn), mort le 14 février 1807, au château de Worin, entre Preussich-Eylau et Landsberg, des suites de blessure reçue par un biscaïen à la bataille d'Eylau.

En 1818, translation, de l'hôtel de la Légion d'honneur aux Invalides, du cœur du comte Bisson, général de division, né le 16 février 1767, à Montpellier (Hérault), décédé le 26 juillet 1811, à Mantoue.

En 1821, inhumation des restes mortels du maréchal duc de Coigny, gouverneur des Invalides, né le 28 mars 1737, à Paris, décédé le 21 mai 1821, à l'Hôtel.

En 1823, dépôt du cœur du baron de Conchy, général de division, né le 21 janvier 1768, à Guiscard (Oise), mort le 26 août 1823, au blocus de Pampelune (Espagne).

En 1829, 11 juillet, remise a été faite à l'Hôtel, par madame Dumas, veuve du général de ce nom, du cœur du général Kléber, commandant en chef de l'armée d'Égypte, né le 9 mars 1753, à Strasbourg (Bas-Rhin), assassiné au Caire (Égypte), le 14 juin 1800, par le fanatique Suléiman, qui lui plongea plusieurs fois son poignard dans le cœur.

En 1833, inhumation des restes mortels du maréchal Jourdan, gouverneur des Invalides, né le

29 avril 1762, à Limoges (Haute-Vienne), décédé le 23 novembre 1833, à Paris.

En 1835, réception et placement du cercueil renfermant le corps du maréchal Mortier, duc de Trévise, et de ceux des treize autres victimes de l'attentat du 28 juillet 1835. — Le maréchal était né le 13 février 1768, au Cateau-Cambrésis (Nord).

En 1837, inhumation des restes mortels du comte de Damrémont, général de division, né le 8 février 1783, à Chaumont (Haute-Marne), tué le 12 octobre 1837, d'un coup de canon devant Constantine (Afrique).

En 1839, inhumation de la dépouille mortelle du maréchal Georges Mouton, comte de Lobau, commandant en chef des gardes nationales de la Seine, né le 21 février 1770, à Phalsbourg (Meurthe), décédé le 26 novembre 1838, à Paris.

En 1842, inhumation du corps du maréchal Moncey, duc de Conegliano, gouverneur des Invalides, né le 31 juillet 1754, à Palisse (Doubs), décédé le 20 avril 1842, à Paris.

En 1846, inhumation des restes mortels du maréchal comte Valée, né le 17 décembre 1773, à Brienne (Aube), décédé le 15 août 1846, à Paris.

En 1846, inhumation du corps de l'amiral baron Duperré, né le 29 février 1795, à la Rochelle (Charente-Inférieure), décédé le 3 novembre 1846, à Paris.

En 1847, 17 février, translation de la dépouille

mortelle du maréchal comte Sérurier, ancien gouverneur des Invalides, né le 8 décembre 1742, à Laon (Aisne), décédé le 21 décembre 1817, à Paris.

En 1847, 5 mai, translation, dans les cénotaphes placés à droite et à gauche de l'entrée du tombeau de Napoléon, des restes mortels des deux grands maréchaux du palais, Duroc, dont il a été déjà parlé, et Bertrand, né le 28 mars 1773, à Châteauroux (Indre), décédé le 31 janvier 1844, dans sa ville natale.

En 1847, inhumation de la dépouille mortelle du maréchal de Grouchy, né le 26 octobre 1766, à Paris, mort le 29 juin 1847, à Saint-Étienne (Loire).

En 1847, inhumation du corps du maréchal Oudinot, duc de Reggio, gouverneur des Invalides, né le 26 avril 1767, à Bar-le-Duc (Meuse), décédé à Paris, le 13 septembre 1847.

En 1848, dépôt du cœur du général de division Casimir de Négrier, né le 27 avril 1788, en Portugal, de parents français, mort le 25 juin 1848, à Paris, devant les barricades.

En 1848, inhumation des restes mortels du général de division Duvivier, né le 7 juillet 1794, à Rouen (Seine-Inférieure), mort le 8 juillet, à Paris, des suites de blessure reçue dans les journées néfastes du mois de juin 1848.

En 1849, inhumation de la dépouille mortelle du maréchal Bugeaud, duc d'Isly, né le 15 octobre

1784, à Limoges (Haute-Vienne), décédé le 10 juin 1849, à Paris.

En 1849, inhumation du corps du maréchal comte Molitor, ancien gouverneur des Invalides, né le 7 mars 1770, à Hayange (Moselle), décédé le 28 juillet 1849, à Paris.

En 1850, 6 décembre, translation à l'Hôtel des Invalides, par décision spéciale, du cœur de dame Villelume, née de Sombreuil, au château de Leichoisier près Limoges (Haute-Vienne), en 1774, décédée le 15 mai 1823 à Avignon.

En 1851, inhumation des restes mortels du maréchal Dode de la Brunerie, né le 30 avril 1775, à Saint-Geoire (Isère), décédé le 1er mars 1851, à Paris.

En 1852, inhumation de la dépouille mortelle du maréchal comte Gérard, né le 4 avril 1773, à Damvilliers (Meuse), décédé le 17 avril 1852, à Paris.

En 1852, inhumation du corps du maréchal comte Sébastiani, né le 15 novembre 1772, à la Porta (Corse), décédé le 20 juillet 1852, à Paris.

En 1852, inhumation des restes mortels du maréchal comte Exelmans, grand chancelier de l'ordre de la Légion d'honneur, né le 13 novembre 1775, à Bar-le-Duc (Meuse), décédé le 22 juillet 1852, à Paris.

En 1853, inhumation du corps du général de division Arrighi de Casanova, duc de Padoue, gouverneur des Invalides, né le 8 mars 1778, à Corté (Corse), décédé le 22 mars 1853, à Paris.

En 1854, inhumation de la dépouille mortelle du maréchal Le Roy de Saint-Arnaud, né le 20 août 1793, à Paris, mort le 29 septembre 1854, en mer, à bord du *Berthollet*.

En 1863, inhumation du corps du maréchal comte d'Ornano, gouverneur des Invalides, né le 17 janvier 1784, à Ajaccio, décédé le 13 octobre 1863, à Paris.

En 1864, inhumation de la dépouille de l'amiral Hamelin, né le 5 septembre 1796, à Pont-l'Évêque (Calvados), mort à Paris le 16 janvier 1864.

En 1864, inhumation des restes mortels du maréchal Pélissier, duc de Malakoff, né le 6 novembre 1794, à Maromme (Seine-Inférieure), décédé le 22 mai 1864, à Alger (Afrique).

En 1870, inhumation du corps du maréchal Regnaud de Saint-Jean-d'Angely, né le 29 juillet 1794, à Paris, mort le 1er février 1870, à Cannes (Alpes-Maritimes).

IV

INFIRMERIE

L'Infirmerie est située au sud-est, à gauche de l'église Saint-Louis. Elle se compose de seize salles, séparées par plusieurs cours, converties en jardins, promenades. Ces salles, bien éclairées, bien aérées, contiennent près de quatre cents lits; au milieu de la plus grande de ces salles, s'élève un autel qui la divise en quatre parties, en sorte que les malades, tout en étant au lit, peuvent entendre et voir célébrer l'office divin.

Le service médico-chirurgical est dirigé par un médecin en chef, et les soins sont donnés aux malades par un nombre suffisant d'infirmiers militaires et civils, ainsi que par les Sœurs de charité, logées dans un local spécial, et ne vivant que pour souffrir volontairement et épargner des souffrances à autrui.

Près de l'Infirmerie se trouvent placés, pour la facilité et la promptitude du service, un vaste établissement de bains de toute espèce, les lingeries, les cuisines, les boulangeries et les pharmacies, dont la plus grande conserve une table richement sculptée et de beaux vases de l'époque de Louis XIV.

V

RÉFECTOIRES

Les Réfectoires, contigus aux galeries *Est* et *Ouest* de la Cour d'honneur, se composent de quatre salles, chacune de 50 mètres de long sur 8 mètres de large.

Les deux premières salles du côté *Est* sont garnies de tables rondes de douze couverts. L'une d'elles, celle des officiers, était servie avec de la vaisselle en argent, gracieux présent de l'impératrice Marie-Louise. Cette vaisselle ayant été prise, le 8 mai 1871, par ordre de la commune de Paris, a été fondue à l'Hôtel de la monnaie.

Les deux autres, côté *Ouest*, ont reçu une autre destination depuis l'installation du Musée d'artillerie dans cette partie de l'établissement.

Toutes ces salles sont décorées de magnifiques peintures à fresque exécutées par Van der Meulen et son élève Martin, dit Martin des Batailles.

Elles représentent différentes placés fortifiées de la Flandre, de la Hollande, de l'Alsace, de la Franche-Comté, etc., conquises par Louis XIV.

Pour ne parler que de ce qui mérite le plus de fixer l'attention des visiteurs, on voit, dans la première salle, côté *Est,* au-dessus de la porte d'entrée, un grand tableau qui représente Louis XIV sur des nuées, environné des Grâces et des Vertus morales; — l'Abondance et la Magnificence personnifiées; — et la France à genoux qui rend grâces au ciel des bienfaits dont elle jouit.

Voici, de l'autre côté de la même salle, un autre superbe tableau.

Le Roi est représenté à cheval, précédé de la Renommée, et suivi de la Valeur et de la Victoire, chargées de palmes, pendant que la Franche-Comté y est désignée sous l'emblème d'une femme accompagnée d'un vieillard.

On voit dans la deuxième salle, au-dessus de la porte, un grand et magnifique tableau représentant la déclaration de guerre aux Hollandais. Le Roi semble la prononcer, d'après les conseils de la Raison et de la Justice, que l'on reconnaît à leurs attributs. Pallas est à ses pieds. La Muse des combats dresse le cartel de la déclaration de guerre. Bellone se prépare à répandre partout le carnage et la mort; les peuples épouvantés sortent du temple de Janus.

Sur l'autre côté de cette salle on admire un second tableau qui sert de pendant au premier:

La France couronnée par la Valeur et la Victoire, ayant à ses pieds divers peuples soumis, et recevant les drapeaux que des généraux lui apportent, et qu'elle consacre au Dieu des armées dans le temple de la Gloire.

Remarquons en passant que c'est au milieu de cette galerie *Est* que s'ouvre une grande porte qui donne entrée dans les cuisines aux grandes dimensions et aux immenses fourneaux, tenus avec une propreté exquise, et destinés à faire cuire les aliments pour des milliers de personnes.

Au-dessus des réfectoires se trouvent les principaux dortoirs des sous-officiers et soldats, remarquables par leur étendue, et par l'ordre et la propreté qui y règnent.

Passant à la troisième salle, côté *Ouest*, on croit voir, au-dessus de la porte, Louis XIV, accompagné de Minerve, de Bellone et de la Victoire, se dirigeant vers la Meuse, qui semble déjà soumise, pendant que le Rhin personnifié lui rend ses hommages.

Le grand médaillon, qui est en face, représente la Clémence assise sur des trophées d'armes, la palme de la victoire à la main, avec cette inscription :

VICTORIS CLEMENTIA.

La quatrième salle, de ce même côté, nous montre, au-dessus de la porte, un grand tableau du Roi à cheval, donnant des ordres pour l'accomplissement de ses desseins.

De l'autre côté et en regard, Louis XIV reçoit le remercîment des ambassadeurs d'Espagne, de Hollande et d'Allemagne, pour la paix qu'il vient d'accorder.

VI

BIBLIOTHÈQUE

La Bibliothèque est située au premier étage de la galerie du *Nord*, pavillon central, dans une vaste pièce dont la boiserie est du plus beau travail. Établie seulement en 1800 par le premier consul, elle se compose aujourd'hui de près de dix-neuf mille volumes, parmi lesquels il y en a de rares et de précieux. On y admire surtout un magnifique missel in-folio de 1692, dû au talent de deux invalides manchots. Il y a aussi sept cents feuilles de cartes géographiques ou topographiques et plus de cent vingt-quatre manuscrits formant cent cinquante volumes.

Mais voici bien d'autres choses à considérer.

La statuette équestre en or et en argent oxydé du maréchal de Turenne avec le boulet qui lui donna la mort et les deux flambeaux en argent doré qu'il avait toujours sous sa tente en campagne ;

Un très-beau plan-relief de l'Hôtel des Invalides et de ses dépendances ;

Un spécimen en bronze galvanisé de la colonne de la place Vendôme ;

Une collection de médailles en bronze des rois de France, depuis Pharamond jusqu'à Louis-Philippe ;

Et deux tableaux, dont l'un est une fort belle copie de *Bonaparte au mont Saint-Bernard*, de David, peinte par Rougé ; et le second, une autre copie de Napoléon III, de Winterhalter, peinte par Laugier. Ce dernier tableau n'y figure plus.

VII

SALLE DU CONSEIL

La salle du Conseil, contiguë à celle de la Bibliothèque, est composée de trois pièces : une antichambre, une petite chambre et un salon élégant où se réunissent, au besoin, les membres du Conseil.

La première pièce y étale des documents historiques du plus haut intérêt : à savoir, une collection de tableaux sur lesquels sont peints, depuis les premiers temps de la monarchie française (575) jusqu'à nos jours, les pavillons et les drapeaux français des différents corps de troupe ; de plus, — des objets provenant du tombeau et de la maison de l'empereur Napoléon Ier à Sainte-Hélène, — le sarcophage en cuivre, où ont reposé ses restes mortels lors de leur transfert de cette île par la frégate *la Belle-Poule;* — et un tableau, dit napoléonien, offrant aux regards des souvenirs et des végétaux recueillis à Longwood et au tombeau.

C'est dans la deuxième pièce, où l'on remarque la statue équestre de Louis XIV, sculptée par B. Raggi, que commence la série des tableaux peints à l'huile de quelques gouverneurs des Invalides et de plusieurs maréchaux du premier Empire, dont les noms suivent :

Le maréchal Ney, prince de la Moskowa et duc d'Elckingen ;
Le maréchal Brune ;
Le maréchal Lannes, duc de Montebello ;
Le maréchal Davoust, prince d'Eckmuhl ;
Le maréchal Bessières, duc d'Istrie ;
Le maréchal Augereau, duc de Castiglione ;
Le maréchal comte de Beurnonville ;
Le maréchal Clarke, duc de Feltre ;
Le maréchal comte Lauriston ;
Le baron d'Espagnac, lieutenant général en 1766.
Le maréchal Moncey, duc de Conegliano ;
Le maréchal Oudinot, duc de Reggio ;
Le maréchal prince Jérôme-Napoléon ;
Le général Arrighi, duc de Padoue ;
Le prince Eugène ;
Le maréchal duc de Belle-Isle ;
Le maréchal duc de Broglie ;
Le maréchal Masséna, prince d'Essling ;
Le maréchal Berthier, prince de Wagram ;
Le maréchal Kellermann, duc de Valmy ;
Le maréchal Lefebvre, duc de Dantzig ;
Le maréchal marquis de Pérignon ;
Le maréchal Suchet, duc d'Albufera ;
Le maréchal marquis Gouvion-Saint-Cyr.

La troisième pièce, sur le plafond de laquelle on voit la copie à l'huile du dôme, peinte par Delafosse, continue et termine la série des portraits des maréchaux de France et des gouverneurs de l'Hôtel ; en voici les noms :

Le maréchal Jourdan ;
Le général marquis de Latour-Maubourg ;
Le maréchal duc de Coigny ;
Le maréchal comte Sérurier ;
Le général Berruyer ;
Le général marquis de Sombreuil. (La tête de ce général roula sur l'échafaud, malgré le dévouement de sa fille, qui, d'après la tradition ou la légende révolutionnaire, avait bu du sang humain pour la sauver.)
Le général comte de Guibert ;
Le général comte de La Serre ;
Lemaçon, seigneur d'Ormoy ;
Le Tellier, marquis de Louvois.

On voit encore dans cette même salle les portraits des architectes Mansart et Bruant, placés au-dessus de la porte d'entrée ; ainsi que les tableaux de Louis XIV, par Rigaud, et de Napoléon Ier en habit de sacre, par Ingres, vis-à-vis l'un de l'autre ; et de plus aussi, un buste de ce dernier, par Bosio.

VIII

GALERIE DES PLANS-RELIEFS

La Galerie des plans-reliefs, placée sous les combles du pavillon nord-ouest, a pour fondateur le marquis de Louvois, ministre de la guerre.

Désireux qu'il était de mettre sous les yeux de Louis XIV les plans des forts et des places fortes auxquels ce prince attachait des souvenirs de gloire, il avait eu soin d'en établir cinquante dans la grande salle du palais des Tuileries, qui sert de communication avec le Louvre. Mais comme ces plans, qui s'étaient élevés à cent vingt environ, de 1668 à 1715, furent détruits en grande partie à cette époque, on résolut de donner à la galerie des plans-reliefs la destination qu'elle a présentement à l'Hôtel des Invalides, où un officier supérieur du génie est chargé de sa conservation et de son entretien, en vertu de la loi du 10 juillet 1791, qui a créé le comité des fortifications.

Cette galerie, qui occupe six salles du pavillon nord-ouest, se compose aujourd'hui de cent cinq plans-reliefs, reproduits avec autant d'exactitude que de précision. En les considérant attentivement, on peut se faire une idée des forts et des villes fortifiées dont ils sont la reproduction fidèle.

En voici la nomenclature d'après le classement qui en a été fait dernièrement par le conservateur actuel :

Première salle

1. Villefranche (Pyrénées-Orientales).
2. Perpignan (Pyrénées-Orientales).
3. Marsal (Meurthe).
4. Toul (Meurthe).
5. Fort-les-Bains (Pyrénées-Orientales).
6. Fort-la-Garde (Bouches-du-Rhône).
7. Bayonne (Basses-Pyrénées).
8. Saint-Tropez (Var).
9. Sedan (Ardennes).
10. Le Fort-Chapus (Charente-Inférieure).
11. Verdun (Meuse).
12. Cherbourg (Manche).
13. Toulon (Var).
14. L'Esseillon (Savoie).
15. Mont-Dauphin (Hautes-Alpes).
16. Embrun (Hautes-Alpes).
17. Antibes (Var).
18. Strasbourg (Bas-Rhin).
19. Metz (Moselle).
20. Environs de Metz (Moselle).
21. Briançon (Hautes-Alpes).

Deuxième salle

22. Brest (Finistère).
23. Siége de Sébastopol (Russie).
24. Siége d'Anvers (Belgique).
25. Mont-Cenis (Italie).
26. Siége de Rome (Italie).
27. Grenoble (Isère).
28. Fort-l'Écluse (Ain).
29. Fort à pièce mobile.
30. Escalade d'une place.

Troisième salle

31. Château d'If (Bouches-du-Rhône).
32. Douai (Nord).
33. Aire (Pas-de-Calais).
34. Calais (Pas-de-Calais).
35. Iles de Lérins (Var).
36. Gravelines (Nord).
37. Belle-Ile (Morbihan).
38. Constantine (Afrique).
39. Ile de la Réunion (Océan indien).
40. Mont Valérien (Seine).
41. Mont Saint-Michel (Manche).
42. Passage d'un pont retranché.
43. Assaut à la brèche d'un bastion.
44. Arras (Pas-de-Calais).

45. Fort-la-Conchée (Ille-et-Vilaine).

46. Laon (Aisne).

47. Fort Saint-Nicolas de Marseille (Bouches-du-Rhône).

48. Avesnes (Nord).

49. Fragment de la Suisse (Europe).

50. La Suisse (République fédérative de l'Europe).

51. Rocroy (Ardennes).

52. Bitche (Moselle).

53. Belfort (Haut-Rhin).

54. Besançon (Doubs).

55. Neuf-Brisach (Haut-Rhin).

56. Fort-Barrauts (Isère).

57. Bataille du pont de Lodi (Italie).

Quatrième salle

58. Les Rousses en construction (Jura).

59. Ruines de Saragosse en 1809 (Espagne).

60. Modèle de ferme de manége.

61. Landrecies (Nord).

62. Fort de Joux et de Larmour (Doubs).

63. Montmélian (Savoie).

Cinquième salle

64. La Spezzia (Italie)

65. Fontarabie (Espagne).

66. Hendaye (Basses-Pyrénées).
67. Ile Vido (Corfou).
68. Partie de la Spezzia (Italie).
69. Saint-Martin de Ré (Charente-Inférieure).
70. Château de Ham (Somme).
71. Wesel (Prusse).
72. Oléron (Charente-Inférieure).
73. Alexandrie (Piémont).
74. Fort la Prée (Ile de Ré).
75. Charleroi (Belgique).
76. Berghes (Nord).
77. Bouchain (Nord).
78. Oudenarde (Belgique).
79. Ath (Belgique).
80. Ostende (Belgique).
81. Nieuport (Belgique).

Sixième salle

82. Fort Médoc (devant Blaye, Gironde).
83. Fort Pâté (devant Blaye, Gironde).
84. Berg-op-Zoom (Hollande).
85. Blaye (Gironde).
86. Exilles (Piémont).
87. La Kenoque (Belgique).
88. Ypres (Belgique).
89. Tournay (Belgique).
90. Maëstricht (Hollande).
91. Fort Saint-Philippe (Mahon, îles Baléares).

92. Fort Saint-Philippe, à pièces mobiles.
93. Citadelle de Corfou (Grèce).
94. Namur (Belgique).
95. Huningue (Haut-Rhin).
96. Citadelle de Juliers (Prusse).
97. Luxembourg (Belgique).
98. Philippsbourg (Duché de Bade).
99. Menin (Belgique).
100. Fenestrelle (Piémont).
101. Gibraltar (Espagne).
102. Roses (Espagne).
103. Auxonne (Côte-d'Or).
104. Brouage (Charente-Inférieure).
105. Bouillon (Belgique).

Tels sont les forts et les places fortes dont les plans-reliefs offrent la représentation en bois ou en plâtre.

Cette représentation est d'autant plus fidèle que l'art qui l'a reproduite est parvenu en France au plus haut point de perfection.

On peut juger par le premier de ces plans, qui fut celui des fortifications de Lille, qu'on n'en était plus, sous le règne de Louis XIV, aux premiers rudiments de cet art.

Ainsi, quelque vastes que soient les forts et les

places fortes mentionnés, on les retrouve ici en modèles réduits, et on peut les parcourir non pas en un jour ni en une heure, mais d'un regard, sans être sous l'empire monotone et sévère de certains tableaux, où le tout ne représente qu'une masse. Tous les objets y ressortent en raison de leur saillie.

Ajoutons qu'il n'en est pas des plans-reliefs comme des bas-reliefs, qui ne sont qu'un accessoire consacré à la décoration d'un monument. Ils sont eux-mêmes des monuments, et on peut les considérer comme tels.

DEUXIÈME PARTIE

MUSÉE D'ARTILLERIE

Le Musée d'artillerie, qui vient d'être transféré des bâtiments de Saint-Thomas d'Aquin dans ceux de l'Hôtel des Invalides, est sans contredit le plus beau, le plus riche et le plus complet qu'il y ait au monde.

Comme il rentre dans notre sujet, nous dirons d'abord un mot sur ses agrandissements successifs, ainsi que sur le local qui a été assigné aux collections dont il se compose; puis nous arriverons à la distribution qui en a été faite dans ce même local, tout en ayant soin de remarquer ce qui domine.

Quant à ceux qui tiendraient à avoir l'inventaire descriptif des objets de toute sorte du Musée d'artillerie, entrés au Musée avant 1862, ils le trouveront dressé dans l'excellent ouvrage de M. O. Penguilly l'Haridon, que nous avons eu nous-même sous les yeux en voulant montrer aux visiteurs, par ordre chronologique, les modifications qu'ont subies :

Les modèles d'artillerie, c'est-à-dire, les bouches à feu et leur service, depuis la découverte de la poudre ;

Les armures, dont le type s'est conservé toujours le même depuis la fin du onzième siècle jusqu'en 1660, où elles cessèrent d'être en usage ;

Les armes blanches, depuis la fin du quinzième siècle jusqu'à notre époque ;

Et les armes à feu portatives, dont il est fait mention pour la première fois dans un inventaire de Bologne à la date de 1397, sous le nom de *scolpos*.

I

AGRANDISSEMENTS SUCCESSIFS DU MUSÉE D'ARTILLERIE·

Le Musée d'artillerie, destiné à l'enseignement des officiers de cette arme et à offrir au public un spectacle aussi curieux que terrible des progrès de l'esprit humain dans l'art de l'attaque et de la défense, ne consistait, en l'an 1684, qu'en un dépôt des modèles d'artillerie en usage à cette époque, dépôt que le grand maître d'artillerie, maréchal duc d'Humières, avait fait placer, avec l'autorisation de Louis XIV, dans les salles du magasin royal de la Bastille.

En 1755, il s'accrut de quelques armes anciennes, des armures provenant des arsenaux de provinces et des modèles nouveaux que fit construire le lieutenant général de Vallière père, premier inspecteur de l'arme.

En 1788, il reçut un nouvel accroissement par l'arrivée des modèles de toute sorte que le général Gribeauval, premier inspecteur général de l'artillerie, fit exécuter avec le plus grand soin tant dans les ateliers de Paris que dans ceux des provinces.

En 1791 et 1794, il continua à s'enrichir des armes et pièces d'armes que le système des réquisitions, alors mis en usage, avait amenées dans les arsenaux, et qui, tout en présentant quelque intérêt, ne pouvaient être d'aucune utilité pour le service de l'État.

Toutes ces armes, déposées dans une salle de l'ancien couvent des Feuillants, furent transférées, en 1795, dans le couvent des dominicains-jacobins de Saint-Thomas d'Aquin, avec tout ce que l'on avait pu sauver de la destruction de l'arsenal de la Bastille, arrivée le 14 juillet 1789.

En 1799 et 1804, les richesses du Musée s'accrurent de celles qui lui vinrent de l'arsenal de Strasbourg, de l'ancienne galerie des ducs de Bouillon à Sedan et de celle de Condé à Chantilly, ainsi que de nos guerres heureuses.

De 1815 à 1830, d'importantes acquisitions vinrent encore enrichir ses collections.

Enfin, le Musée, malgré le pillage auquel il fut livré, le 28 juillet 1830, réparé en grande partie par des restitutions subséquentes et surtout par l'acquisition de la collection du maréchal duc de Reggio, ayant reçu de notables accroissements :

Par tout ce qui y est entré depuis les guerres de Crimée, d'Italie, de Chine et du Mexique : bouches à feu, armes orientales, habit de guerre de l'empereur de Chine, etc.;

Par les dons importants de Napoléon III;

Et par les objets rares et précieux qui lui sont venus et qui continuent à lui venir de toutes parts,

Les bâtiments de Saint-Thomas d'Aquin devinrent insuffisants pour contenir toutes ces richesses. Il fallut dès lors songer à un nouveau local.

D'ailleurs, comment les bâtiments de Saint-Thomas d'Aquin auraient-ils pu recevoir les collections qu'on vient, pour ainsi dire, de créer, sous la direction et grâce au zèle de M. le commandant Leclerc, conservateur du Musée, à savoir :

Les modèles de l'artillerie de la flotte et les armes de la marine;

L'historique des drapeaux français depuis l'origine de la monarchie, genre d'ornements qui caractérise particulièrement les salles du Musée;

Les portraits des grands maîtres de l'artillerie ;

Les décorations françaises et les insignes des récompenses nationales dont la collection ne fera que s'accroître et se compléter par les dons particuliers, en ce qui concerne les ordres aujourd'hui disparus ;

Et enfin les costumes militaires en usage en France depuis les temps les plus reculés jusqu'à nos jours, que le Musée est en train de faire confectionner, et dont les types épars, isolés et presque inconnus du public, ne pourront que l'instruire et l'amuser, une fois rassemblés dans une de ses brillantes salles.

Ainsi, il reste maintenant à considérer comment le nouveau local répond à sa destination.

II

LOCAL ASSIGNÉ AUX COLLECTIONS
DU MUSÉE D'ARTILLERIE

Le local assigné aux collections du Musée d'artillerie dans l'Hôtel des Invalides occupe tout le rez-de-chaussée qui s'étend depuis la Cour d'honneur, côté de l'*Occident*, jusqu'à l'aile du bâtiment parallèle au boulevard de Latour-Maubourg.

Il est si vaste qu'il mesure 5574 mètres 50 centimètres de superficie, sans compter l'espace occupé par le péristyle de la cour d'Angoulême, et si commode que les diverses pièces dont il est composé, loin d'être isolées les unes des autres, se suivent naturellement. Voici comment :

Un premier vestibule s'ouvre dans la Cour d'honneur, côté de l'*Occident* (77 mètres).

Ce premier vestibule donne entrée dans deux salles : l'une de droite (308 mètres); et l'autre de gauche (339^m,50 cent.), y compris une petite pièce. Ces deux salles servaient autrefois de réfectoires correspondant aux deux autres réfectoires, côté de l'*Orient*.

A la suite du vestibule, on pénètre dans un corridor et ses dépendances (176 mètres).

Un second vestibule ou passage (40 mètres), auquel aboutit le corridor, met en communication les cours d'Angoulême et de la Victoire (3,356 mètres).

On le traverse, et on entre dans une vaste salle (220 mètres), laquelle donne accès, à droite et à gauche, à deux galeries, dont chacune (484 mètres) est divisée en deux parties dans le sens de la longueur où se trouvent exposées les armes.

Il y a, en outre, une petite salle au bout de la galerie de gauche (90 mètres).

C'est donc pour y recevoir les collections du Musée d'artillerie que paraissait créé ce local, avec ses vestibules, ses vastes salles, ses longues galeries et ses cours immenses.

III

DISTRIBUTION
DES COLLECTIONS DU MUSÉE D'ARTILLERIE
DANS LE LOCAL PRÉCITÉ

Les collections du Musée d'artillerie sont aussi nombreuses que variées :

Collection de modèles d'artillerie ;
Collection d'armures ;
Collection d'armes offensives et défensives ;
Collection de drapeaux et de portraits des grands maîtres d'artillerie ;
Collection de canons et d'instruments destinés à l'artillerie ;
Collection enfin de tous les engins que les siècles et les arts ont inventés, depuis les temps les plus reculés, pour l'attaque et pour la défense, et dont bon nombre ne sont arrivés au Musée qu'après avoir séjourné, plus ou moins longtemps, dans le

lit des fleuves, au sein des mers ou dans les entrailles de la terre.

Pour classer toutes ces collections, les coordonner et les distribuer sans confusion et en même temps sans monotonie, il a fallu autant de bon goût que d'intelligence, ainsi que nous allons le voir en parcourant successivement les différentes pièces où elles s'offrent à nos regards.

I

PREMIER VESTIBULE

Ce premier vestibule, à l'*ouest* de la Cour d'honneur, a donné place à dix grandes bouches à feu et à quatre petites, dont une en bois frettée en fer de fabrication cochinchinoise.

Ces bouches à feu, qui proviennent des campagnes d'Alger, de Sébastopol, de Chine et du Mexique, se dressent là paisiblement le long des murs, après avoir fait probablement contre nous leur œuvre de destruction.

A côté, gisent les boulets dont elles étaient peut-être chargées, et les nouveaux projets de projectiles suédois.

Au-dessus, s'élèvent des écussons entremêlés de trophées d'armes défensives et offensives de la seconde moitié du quinzième siècle.

Tout à l'entour sont exposés :

Les moulages de deux bas-reliefs en marbre qui, ayant fait partie de l'arc de triomphe d'Alphonse V, roi d'Aragon, à Naples, représentent l'armement des hommes de guerre de ce temps-là ;

Un moulage d'un tombeau romain trouvé dans le Rhin, sur lequel est représenté un vélite ou soldat armé à la légère ;

Et un autre moulage d'une pierre tumulaire, même provenance, laquelle représente un centurion romain, portant un cep de vigne, insigne de son grade.

Quels constrastes ou plutôt quels rapprochements dans cette décoration du premier vestibule !

II

SALLE DES MODÈLES D'ARTILLERIE

Cette grande et superbe salle, dont l'entrée est dans le premier vestibule à droite, n'attirait les regards, pendant qu'elle servait de réfectoire, que sur ses belles peintures murales. Transformée aujourd'hui en conservatoire d'artillerie, elle offre, en modèles réduits, l'importante collection de toutes les bouches à feu ainsi que des machines, instruments et outils servant aux constructions des armes de guerre et aux différents métiers qui prennent part à ces constructions.

Il nous semble donc à propos de rappeler ici, en peu de mots, quels ont été les progrès de l'artillerie à partir des premiers essais qui suivirent l'invention de la poudre.

On sait qu'avant cette invention, toute l'artillerie de la guerre consistait dans l'arc, l'arbalète et l'engin volant.

Mais depuis que l'artillerie proprement dite est apparue avec ses canons et leur service : affûts, fourgons, caissons, etc., depuis que ces formidables engins ont commencé à jouer un rôle à la guerre, quel changement dans le monde !

Il est vrai qu'au commencement du quatorzième siècle, qui fut l'époque de cette nouvelle invention, on ne vit d'abord que des bouches à feu de petite dimension, lançant des projectiles de trois livres au plus, comme le Musée en offre des spécimens authentiques ; cependant le siècle n'était pas encore écoulé, qu'on était parvenu à augmenter le calibre des pièces, si bien que le Musée possède des bombardes et des veuglaires de cette époque se chargeant par la culasse, et des coulevrines, de forme inférieure, se chargeant par la bouche.

En 1413, Mahomet II fit jouer, au siége de Constantinople, des bombardes qui lançaient des boulets de pierre de deux cents livres, etc.

En 1460, sous le règne de Louis XI, on fabriquait déjà des boulets en fonte de fer et des bouches à feu en bronze.

En 1552, sous Henri II, le train d'artillerie était formé, et toutes les pièces réduites à six bouches à feu de dimensions déterminées.

En 1633, sous le règne de Louis XIII, on introduisit le tir des bombes par les mortiers dont la découverte avait pris naissance en Allemagne.

En 1732, sur la proposition du premier inspecteur général de l'artillerie, de Vallière, une ordonnance royale avait porté à cinq le nombre des calibres et réglé les dimensions des bouches à feu : canons de 24, de 16, de 12, de 8 et de 4.

En 1765, le système proposé par le lieutenant général de Gribeauval, et adopté par le gouvernement, établit une distinction entre les quatre services de l'artillerie : artillerie de campagne, artillerie de siége, artillerie de place, artillerie de côte, et détermina pour chacun de ces services les dimensions des bouches à feu et du matériel qu'elles comportent : canons, pierriers, mortiers, obusiers, affûts, voitures, etc.

En 1825, le système Valée, échelle du cinquième, canon de 12 et obusier de 16, fut adopté à son tour.

En 1853, le canon-obusier de 0^m,12 cent. de campagne remplaça la pièce de 8 et l'obusier 0^m,15 cent., pendant que l'ancien 12 et l'obusier de 16 continuèrent à être en usage pour les batteries de réserve.

En 1858, l'artillerie rayée, échelle du cinquième,

fit cesser l'usage des canons à âme lisse, malgré leur perfectionnement.

Quand s'arrêtera ce progrès de l'artillerie qui a mis le monde en travail de tant d'inventions pour l'attaque et pour la défense ? Ce ne sera que lorsque les princes des nations auront fait de l'Évangile la charte de l'humanité.

En attendant, rien n'empêche d'admirer le génie de l'homme dans l'élaboration des agents destructeurs que l'on a sous les yeux, tout en regrettant l'usage qu'il en a fait.

Les voici, ces agents destructeurs, disposés, par ordre chronologique, sur les tables, au milieu et autour de la salle.

D'abord, au milieu de la salle, s'offrent les machines de guerre antiques, reconstruites d'après Héron, Philon, Vitruve et Ammien-Marcellin : catapulte à lancer des pierres, catapulte à lancer des traits; et le pont de Jules César, d'après la description qu'il en a donnée lui-même dans son livre intitulé : *les Commentaires.*

Puis :

L'artillerie du quatorzième siècle, dont les premiers essais n'avaient pas encore acquis de bien redoutables perfectionnements ;

L'artillerie de Charles le Téméraire, dont les boulets de fonte produisaient, avec des calibres inférieurs à ceux des boulets en pierre, des effets supérieurs;

L'artillerie du temps de Louis XIV avec ses pièces

réglementaires augmentées de la pièce de 24 et de celle de 12 ;

L'artillerie en service sous Louis XV avec ses affûts correspondant aux cinq calibres fixés par l'ordonnance de 1732, pour l'artillerie de terre, sur la proposition du lieutenant général de Vallière, inspecteur général de l'armée ;

La collection de nouvelles pièces, exécutées en 1765 pour chacun des quatre services d'artillerie, d'après le système du lieutenant général de Gribeauval, considéré comme le créateur de l'artillerie moderne ;

Le matériel du système de l'an XI avec affûts et avant-train, affûts-traîneaux pour la guerre de montagne, caisson à grand tournant, forge de campagne à quatre roues, etc.

De plus, sur les tables autour de la salle, en tournant à droite :

L'artillerie, système Valée, 1825, canon de 12, obusier de 15, mortiers portés sur leur affût, bât et caisse à munitions pour le transport à dos de mulet ; caisson de campagne, modèles 1827, 1840, etc. ;

L'artillerie rayée, système 1853, canon-obusier de 0m,12 cent. de campagne, actuellement en service ;

Les équipages de ponts militaires, système Gribeauval, à diverses échelles ;

Un petit affût et le beau canon offerts à Louis XIV par la province de la Franche-Comté, après la conquête de 1674.

L'artillerie étrangère. — Système bavarois ; caissons wurtembergeois ; canon napolitain ; modèle de mortier autrichien ; modèle de campagne russe ; mortier espagnol monté sur son affût ; projets américains d'affûts et de chasses à bassinets en caoutchouc pour bouche à feu de marine, etc.

De plus aussi, sur les tables à gauche :

Les machines diverses : chèvres ; grues pour l'enlèvement des pièces pour calibrer les boulets ; projets de matériel ; machines à rayer et à forer, etc.

A côté et un peu au-dessus des tables, tant à droite qu'à gauche, s'étale, dans des vitrines, l'assemblage non moins intéressant des instruments ayant trait à la fabrication des machines de guerre et de leurs projectiles.

Les modèles des projectiles de fortes dimensions sont placés sous les tables.

Près de la dernière on trouve un canon en bronze d'une belle exécution, monté sur affût, pesant 160 kilogrammes, construit à Turin, en 1792, pour l'instruction militaire des princes français, fils du comte d'Artois.

Enfin, parmi tant d'objets en parfaite harmonie avec l'esprit qui a présidé à la décoration de cette magnifique salle, on voit encore :

Au fond, au milieu de belles machines pour la fabrication et l'essai de la poudre, un trophée remarquable par la variété des armes, la singularité de leurs formes et leur provenance ;

En face des fenêtres, les aigles et les drapeaux des régiments français, entremêlés de diverses armures des quinzième, seizième et dix-septième siècles ;

Sur les murs, entre les croisées, des tablettes où sont gravés les noms fameux des grands maîtres des arbalétriers et de l'artillerie ;

Au milieu du plafond, deux parasols, l'un chinois en satin rouge, orné d'inscriptions et figures en soie de couleurs variées ; et l'autre japonais en soie goudronnée et peinte ; et tout à l'entour, les cinquante-deux drapeaux de la France et de ses provinces, parmi lesquels on remarque l'oriflamme de saint Denis, la bannière du roi saint Louis, l'étendard de Jeanne d'Arc, le drapeau blanc, le drapeau à trois couleurs et le drapeau du 85e mobile, offert par les dames du sixième arrondissement, en 1870, que l'on peut faire parler et interroger.

III

SALLE DES ARMURES

La salle des armures, en face de celle des modèles, vous saisit en y entrant : on la croirait envahie par des cavaliers et des fantassins revêtus de leurs armures et prêts à prendre part aux expéditions de Louis XIV, que ses belles peintures murales semblent faire revivre. Ce qui est bien sûr, c'est que

ce n'est pas l'imagination mais les yeux qui voient,
au milieu et autour de la salle, sur trois lignes pro-
longées, des armures de pied en cap, des armes
précieuses, des trophées militaires et des drapeaux
français et étrangers.

Cependant, avant de la parcourir, il n'est pas
hors de propos de rappeler que les armures, dont la
série commence vers la moitié du quinzième siècle,
ne présentaient encore, aux neuvième et dixième
siècles, à quelques modifications près, que le costume romain; que ce n'est que sur la fin du dixième
siècle, que l'on trouve les hommes d'armes revêtus
de longues tuniques, faites de peau ou de toile et
renforcées par un treillis de plaques de métal ou
d'anneaux de fer; que cette nouvelle armure, que
l'on avait façonnée de manière à protéger la tête,
le cou et les épaules, se continua dans le douzième
siècle; qu'elle fut remplacée, au commencement
du treizième siècle, par la cotte de mailles complète, attendu que la première, qui mettait, il est
vrai, l'homme d'armes à l'abri de la lance, ne le
défendait pas contre la flèche; et que cette dernière, qui avait paru en acier à la fin du quatorzième
siècle, fut abandonnée à son tour tant à cause de sa
pesanteur, qui ne pouvait que défigurer ceux qui en
étaient revêtus, que des perfectionnements survenus dans l'artillerie. En sorte qu'en 1660, les armures, n'étant plus qu'une tradition, furent recueillies soigneusement par le Musée, qui en offre la

série, dans cette grande et belle salle, d'après les formes caractéristiques qui en déterminent l'époque.

L'armure complète d'homme et de cheval du quinzième siècle, que l'on voit, au milieu de la salle et dès l'entrée, entre deux armures pour combattre à pied, était en usage en France sous le règne de Charles VII, et en Angleterre sous les règnes de Henri VI et Édouard IV.

Des deux armures qui suivent, l'une est une armure de joute de Maximilien Ier, en usage en Allemagne, vers la fin du quinzième siècle, et l'autre est celle d'un prince de Bavière, qui donne le type complet de l'armement de l'homme de guerre dans la première moitié du seizième siècle.

La belle armure qui vient après a appartenu à un prince de la maison de Bourgogne; elle est du commencement du seizième siècle, sous le règne de Louis XII; tandis que l'armure du cheval, d'une exécution parfaite, est un harnais de tournoi du temps de François Ier.

Quant aux deux autres, l'une est une armure sarrasine, à la tunique de mailles, du commencement du seizième siècle, et l'autre est une belle armure de la seconde moitié du seizième siècle, avec la barde du cheval de la première moitié.

Viennent ensuite les armures à la forme variée des rois de France: François Ier, François II, Charles IX, Henri II, Henri III, Henri IV, Louis XIII et Louis XIV. On y a joint deux autres armures, remarquables par l'élégance de leur forme : l'une, dite armure aux lions, et l'autre dessinée par Jules Romain.

Après ces reliques du passé, d'autres reliques dans des vitrines, lesquelles, sans être plus sacrées que les précédentes, n'en sont pas moins précieuses par la beauté du travail, la richesse des ornements et l'importance historique, à savoir :

La lame de Tolède de Thomas Gaya; l'épée de François Ier; l'arbalète à jalet de Catherine de Médicis; l'épée de mariage de Henri IV; le mousquet à mèche et à batterie de Louis XIV; l'épée d'Étienne, roi de Pologne, et de Sobieski; la lame et le fourreau, enrichi de diamants, d'une épée de Louis XVI; l'épée du Dauphin de France Louis XVII; la carabine à deux canons tournants, de Napoléon Ier; le bouclier du roi de Hongrie Mathias Corvin; sans parler des sabres, des pistolets, des casques, dont l'un a appartenu à Bajazet, fils de Mahomet II, et des armes orientales richement ornées et damasquinées en or.

A la suite encore, des selles du moyen âge, dont la forme se rapproche des nôtres, et qui offrent des beautés qui leur sont propres.

Le splendide trophée, qui s'élève du fond de la salle, où l'on remarque des trompes suisses en usage, en 1588, dans les bandes de lansquenets; ainsi qu'une armure complète d'un beau travail, donnée par la ville de Nancy au duc de Bourgogne, petit-fils de Louis XIV, est entouré de magnifiques drapeaux indiens.

En retour, à droite de cette salle, il y a encore une petite pièce qui mérite de fixer l'attention par tout ce qu'on y a rassemblé : cottes de mailles, pesant 25 ou 30 livres, qu'on portait sous l'armure ; brigantines, chanfreins et bardes de crinière, éperons, mors de bride, casques aux grandes dimensions ; sceaux de France depuis 1069 jusqu'à 1764, moulés sur des documents authentiques.

En revenant dans la grande salle, on peut embrasser d'un regard :

A droite, les premiers essais de l'armement de l'homme de guerre ; les armures, dites maximiliennes, en usage en Allemagne pendant le quinzième siècle, et les armures italiennes du seizième siècle, damasquinées en or et en argent ;

Et à gauche, les fameuses armures du connétable Anne de Montmorency, à la mentonnière de laquelle on remarque le trou de la balle qui lui fracassa la mâchoire ; de Henri, duc de Guise, surnommé le Balafré ; du duc de Mayenne ; du duc de Sully, grand maître de l'artillerie, et du maréchal de Turenne. Au-dessous des armures de ces personnages sont peintes sur des socles leurs armoiries.

Enfin, ce qui achève la décoration de cette superbe salle, ce sont les glorieux drapeaux des régiments français, placés aux angles et en face des croisées ; les noms célèbres des maréchaux présidents de l'artillerie, gravés sur des tablettes entre les fenêtres; et les nombreux drapeaux pris à l'ennemi qui couvrent presque tout le plafond, grâce à un médecin du premier Empire qui les a légués au Musée.

IV

CORRIDOR

Ce corridor, où l'on pénètre en sortant de la salle des armures ou de celle des modèles d'artillerie, donne accès d'un côté à l'atelier des armuriers et des menuisiers chargés, sous la direction de M. le conservateur, de l'entretien des collections du Musée; et de l'autre, au vestiaire et à un poste militaire, indispensable aux services de surveillance journaliers.

Ici, point de décorations ni d'étalage de pièces d'artillerie. Le local était trop restreint pour en recevoir. Mais on a trouvé moyen d'y placer les pièces assez curieuses d'une voiture de l'empereur de la Chine, qui peuvent donner une idée de sa construction.

On y a placé aussi une grille ou balustrade en bronze doré, qui a servi dans la basilique de Notre-Dame, lors du mariage de Napoléon Ier avec Marie-Louise, et qui semble avoir été mise là pour en défendre l'entrée au besoin.

Ce corridor conduit, à travers un second vestibule, à la salle des armes portatives où l'on entre sans s'arrêter devant ce vestibule et les deux cours qu'il met en communication, sauf à les considérer en revenant sur ses pas.

V

SALLE DES ARMES PORTATIVES

En entrant dans cette enceinte, composée d'une vaste salle, d'une autre salle qui n'en est séparée que par trois arcades à jour, et de deux grandes galeries dont chacune est divisée en deux parties, on est frappé de l'aspect qu'elle présente. Quel coup d'œil! quels tableaux! quelle collection aussi nombreuse que rare d'armes antiques, d'armes du moyen âge et d'armes modernes, sans parler de mille objets divers!

La collection des armes antiques, par lesquelles il faut entendre ici les armes de l'âge de la pierre, les armes de l'âge de bronze (armes gauloises), et les armes grecques, romaines et mérovingiennes, s'étale par ordre chronologique sur de grandes tables vitrées de la première et de la seconde salle.

Cette collection, qui est un trésor pour les archéologues, offre au premier abord un spectacle bizarre : ici des haches en silex, grossièrement taillées ou simplement dégrossies, et des ossements associés au silex; là des pointes de flèches, des javelots et des couteaux en silex poli; à côté, les armes des peuples sauvages, nos contemporains, d'une exécution moins imparfaite; plus loin, des haches de bronze, des lances, des épées, des cuirasses, des casques grecs, romains, gaulois, mérovingiens, où l'élégance et l'art se font admirer; puis encore, des boucliers étrusques, des couronnes, des ceintures, des genouillères et des cnémides grecques, d'un travail et d'un goût parfait; enfin des armes des quatorzième, quinzième et seizième siècles, qui ont couvert de leurs débris d'anciens champs de bataille.

Observons, en passant, que les diverses armes de l'âge de la pierre, qui ont été découvertes pour la plupart sur les côtes du Danemark, dans les lacs de la Suisse et dans les tourbières du département de la Somme, nous révèlent l'existence des peuples antéhistoriques, qui, n'ayant dès le principe, du moins en Europe, pour armes et pour outils que des pierres plus ou moins bien façonnées, ont dû apprendre d'autres peuples, venus de l'Orient, berceau de la civilisation primitive, à plier jusqu'aux métaux à leur usage.

Ce qui frappe et étonne encore, c'est de voir près de ces objets qui appartiennent à l'époque la plus reculée, d'autres objets rapportés de nos jours de l'extrême Orient, du Japon, de la Chine et de l'Afrique, parmi lesquels les armes mérovingiennes : le bouclier, la francisque, le scamasaxe, l'épée, l'angon et la framée, ne se font pas moins admirer.

Et en effet, qui ne serait surpris à l'aspect des armes de guerre orientales, d'une grande variété de dessin ; des armures du seizième siècle, rivées, d'une extrême finesse ; des selles et harnachements de cheval, ornés de fleurs ; des boucliers en joncs, tressés de soie, ou revêtus de peaux de raie ou en peau de rhinocéros ; des flèches, des carquois, des parasols et des étendards de couleurs variées, où s'est plu le goût, où s'est jouée l'imagination d'une foule d'artistes indiens, persans, arabes, turcs, albanais, javanais, chinois, japonais, circassiens, mongols, abyssiniens, africains de la tribu des Touarègs, etc. !

Mais ce qui attire tous les regards, c'est l'habit de guerre de l'empereur de la Chine, pris à Pékin, au Palais d'été (campagne de 1861), lequel se compose de trois tuniques d'une grande richesse, mises les unes sur les autres. Le casque conique qui le surmonte est couvert d'ornements en or et de pierres fines ; une grosse perle brille à son sommet. Les jambières sont construites, comme la seconde tunique, de lames d'acier doré. Le poignard tout étincelant de diamants que l'on voit à côté de l'habit de guerre de l'empereur, est de fabrique européenne. L'auteur du *Catalogue du Musée d'artillerie*

croit qu'il est du temps de Louis XVI, et qu'il a dû
être donné au monarque du Céleste Empire dans
quelque ambassade.

VI

PREMIÈRE GALERIE

Cette galerie, divisée en deux parties dans le sens
de sa longueur, est à droite de la vaste salle des
armes portatives.

Première partie

Avant de la parcourir, on peut voir, au-dessus
de la porte d'entrée, au milieu des drapeaux français, de fusils de rempart, d'amorces et des accessoires d'armes à feu, les clefs de la citadelle d'Anvers, de la ville de Rome et de Mexico, qui font
songer à tous les caprices de la fortune.

A droite de cette galerie, sont exposés, entre les
croisées qui en éclairent les deux parties, les portraits des grands maîtres de l'artillerie, qui ont
porté si vaillamment les armes dont ils sont envi-
ronnés, et dont plusieurs ont enrichi le Musée de
leurs œuvres. Ils semblent se tenir là pour faire aux
visiteurs les honneurs de leur palais. De ce même
côté, on voit encore d'autres objets intéressants :

Le fauteuil dans lequel le comte de Fuentes, général espagnol, fut tué à la bataille de Rocroy, le 10 mai 1643;

Les marteaux d'armes du quatorzième et du quinzième siècle, à la tête de diamant ou à plusieurs ailes;

Les haches des mameluks, des sapeurs, etc.;

Et les belles armes des généraux Desaix et de la Riboisière, des maréchaux Augereau et Lefebvre, du prince Eugène et du roi Murat, conservées dans des vitrines, sous les deux dernières fenêtres de cette première partie de la galerie, au fond de laquelle brillent également, dans d'autres vitrines, les épées et les sabres de parade de la République et de l'Empire; ainsi que les glaives des consuls, des officiers supérieurs, des sénateurs, des membres du Tribunat, de l'Institut, et quelques ceinturons richement décorés.

Au milieu de la galerie, toujours dans le sens de la longueur de ses deux parties, s'étalent, avec les caractères qui les distinguent, les armes d'hast de diverses provenances, qui étaient si fort en usage au seizième siècle, qui se continuèrent même dans les armées jusqu'en 1708, et dont plusieurs sont décorées de magnifiques dessins à figures d'animaux :

Fléaux d'armes surmontés de pointes aiguës;

Marteaux d'armes surmontés d'un bec et d'une maille taillée en dents;

Haches d'armes, dont le fer se relève et présente plusieurs branches;

Corsesques terminées par des ongles;

Hallebardes formées d'une pointe et d'une hache, quoique leur forme varie extrêmement;

Faux de guerre emmanchées, mises en usage par les paysans;

Fauchards présentant une pointe, des croix et un tranchant;

Vouge au fer aigu et tranchant d'un côté;

Couteaux de brèche, armés d'une pointe et d'un crochet;

Pertuisanes à lame large et aiguë, portant des ailerons qui varient de dimensions;

Espontons en forme de piques armées d'un arrêt fixe;

Fourches de guerre à un ou à deux crochets et à un tranchant.

Épieux de chasse au fer large et épais, ayant la forme d'une feuille de sauge;

Porte-mèche de canonnier, dont les branches retenaient la mèche par la pression d'une vis;

Armes de chasse à pistolet, dont les canons se trouvent dans l'axe de la hampe.

A gauche, en face des croisées, est établie la riche collection des sabres et des épées, qui étaient et qui sont encore les armes nobles par excellence chez les Français, les Allemands, les Espagnols, les

Italiens, etc. De sorte que là on voit les principaux types des armes blanches en usage depuis le dix-septième siècle jusqu'au dix-neuvième :

Épées larges assez courtes, servant surtout à frapper de taille, dont la lame et la poignée à croix droite se conservèrent pendant trois siècles ;

Grandes épées d'armes et petites épées fines et tranchantes, que les Français portaient au treizième siècle ;

Estocs, longues épées à lame rigide, souvent quadrangulaire, évidée, que l'homme d'arme portait au quinzième siècle ;

Épées à deux mains, spécialement employées par les Suisses dans leurs guerres de la seconde moitié du quinzième siècle ;

Épées des lansquenets, courtes, larges, assez aiguës, à deux tranchants, employées au seizième siècle ;

Coutelas de la seconde moitié du seizième siècle, garnis d'un pistolet à rouet, dont le canon forme le dos de la lame ;

Armes de chasse du commencement du dix-septième siècle, à lame en forme d'épieu, ou se pliant en trois au moyen de deux charnières ;

Sabres réglementaires de 1790 à 1855 ;

Armes de récompense, de fantaisie, et projets, etc. ;

Tout ce qu'il y a de plus précieux en ce genre : épées de connétable, de maréchal de France, dagues à trois pointes, riches poignards, sabres orientaux damasquinés en or, etc., s'étale dans deux grandes armoires vitrées, placées au bout de cette partie de la galerie.

Par un contraste singulier, on aperçoit, dans la partie supérieure de ce mur, paré de tant de belles armes, les écussons des villes et provinces suédoises qui ornèrent le char funèbre du roi Gustave; et, dans la partie inférieure, le commencement d'une autre collection, celle des fusils de rempart français, anglais, allemands, etc., qui, comme la série des armes d'hast, se prolonge dans l'autre partie de la galerie.

Seconde partie

En passant à travers le petit espace qui met en communication les deux parties de cette galerie, on voit d'un côté des fragments d'épées et les transformations successives de la platine, originaire d'Allemagne, du moins la platine à rouet; et, de l'autre, des épées et des lances de la Révolution française (1793), dont l'une est celle que portait, dit-on, le uhlan qui tua la Tour d'Auvergne.

Une fois entré, on a devant soi, non-seulement la suite des portraits des grands maîtres de l'artillerie et celle des armes d'hast et des fusils de rempart, mais encore les équipements et accessoires des armes à feu; les transformations successives de la baïonnette, qui date de 1708; des modèles de harnachements de l'Empire ; des bâtons de maréchaux, des plaques d'honneur, dignes récompenses militaires ; des médailles commémoratives offertes par le pape Pie IX et la reine d'Angleterre ; une collection de décorations militaires ; et enfin, ce qui est bien plus important, une partie considérable de la riche série des armes à feu portatives, qui s'étend, par ordre chronologique, depuis la première arme de ce genre, la coulevrine à main, jusqu'au dernier fusil d'infanterie, modèle 1859.

Ainsi on peut arrêter successivement le regard sur les armes suivantes :

La coulevrine à main, qui exigeait le service de deux hommes, dont l'un la portait et l'autre mettait le feu ; ou bien, celui d'un cheval sur lequel on la plaçait au moyen d'une fourchette qui tenait au pommeau de la selle ;

L'arquebuse à mèche, qui succéda à la coulevrine, et qui avait un croc ou crochet pour la fixer sur un chevalet au moment du tir ;

Le mousquet, qui ne parut en France qu'en 1568, et qui, plus pesant que l'arquebuse, nécessitait l'emploi d'une fourche d'appui nommée fourquine ;

L'arquebuse et le mousquet à rouet, dont l'invention suivit de près celle de la platine à mèche, bien que cette dernière n'en continuât pas moins à être en usage dans l'armée française pendant les seizième et dix-septième siècles ;

Le mousquet et l'arquebuse à canon rayé, inventés vers le commencement du seizième siècle, pour combattre les perturbations qui résultaient du tir;

La carabine à silex, qui remplaça en 1700 l'ancien mousquet à mèche, et devint l'arme à feu de l'infanterie française;

L'arquebuse à platines à double feu, plus ou moins longue, laquelle réunit au mécanisme de la platine à batterie le serpent à mèche, qui sert à défaut de la batterie;

Le fusil à répétition qui fournit deux ou plusieurs coups dans le même canon, pouvant partir successivement, parce qu'à chaque bassinet correspond sa charge séparée;

Le mousqueton se brisant en plusieurs parties et dont le canon en se divisant fournit un pistolet et un fusil;

Le tromblon et l'espingole, en bronze, à bouche aplatie ou circulaire, et même à baïonnette;

Le fusil à magasins, qui porte la poudre et les balles dont on charge le canon au moyen d'un levier;

Le fusil à canon double, triple, etc., où chaque canon, portant son bassinet et son couvre-feu, va successivement s'offrir au chien unique de l'arme;

La carabine à sept canons dont les coups portent ensemble;

L'arquebuse, dont le rouet, noyé dans le corps de la platine, se remonte par le mouvement du chien;

Et le fusil espagnol dit à la miquelet, à platine et à grand ressort de chien, extérieur.

Ici encore tout ce qui a paru, dans les seizième et dix-septième siècles, de plus riche et de plus élégant en fait de belles armes, s'étale dans deux grandes armoires vitrées, établies au bout de cette autre partie de la galerie.

VII

SECONDE GALERIE

Cette galerie, à gauche de la vaste salle, est divisée comme la première en deux parties, et n'a pas moins d'intérêt.

Première partie

En entrant, on voit au-dessus et autour de la porte, des trophées d'armes du moyen âge, des armes orientales, des drapeaux de francs-tireurs et deux petits canons en bronze sur leurs affûts, pris à Medina-del-Rio-Seco, le 14 juillet 1808.

A droite, en face des croisées de la première partie de la galerie, est la suite de la riche série des armes portatives :

Armes se chargeant par la culasse, parmi lesquelles il y a des arquebuses à rouet de la seconde

moitié du seizième siècle et des fusils à silex de la
fin du dix-septième, ainsi que des mousquets et
des fusils ayant servi pendant la guerre de 1870
et 1871;

Armes révolvers des dix-septième, dix-huitième
et dix-neuvième siècles, à plusieurs charges; à
mèche, à rouet, à silex, à percussion;

Armes réglementaires de 1777, qui comprennent
quatre types d'armes : fusil d'infanterie, fusil de
dragon, fusil d'artillerie, pistolets de cavalerie, et
dont les changements introduits jusqu'en 1866 se
sont réduits à substituer la cheminée au bassinet et
à rayer les fusils pour prévenir les ratés du
canon;

Et armes à percussion, à rayures, modèle de
1866, actuellement en usage : c'est dans ces nouvelles armes que la capsule, la poudre et la balle,
réunies au moyen d'un tissu, se placent à la main
dans la chambre du canon.

Les objets les plus rares et les plus précieux en
fait de fusils et de pistolets sont protégés par de
grandes vitrines, placées dans cette première partie
de la galerie.

En face de la série des armes françaises se chargeant par la culasse, est établie une autre série non
moins intéressante : celle des armes étrangères,
dont plusieurs ont été recueillies sur divers champs
de bataille.

Cette série, qui peut servir de comparaison et de

modèle, puisqu'elle se compose des armes de presque tous les peuples du monde : anglais, russes, autrichiens, prussiens, belges, suédois, norvégiens, italiens, espagnols, hollandais, suisses, américains, etc., etc., s'étend jusque dans la petite pièce qui se trouve au bout de la galerie et en retour sur la cour de la Victoire.

C'est là que se voient encore, à côté de fusils et carabines à vent, des haches de licteurs de la république cisalpine, des caisses de tambour du temps de Louis XIV, du règne de Christian V, des timbales indiennes, etc.

Enfin, du milieu de cette partie de la galerie se dressent, de distance en distance, quatre vitrines. On remarque, dans la première, une carabine de l'ancienne manufacture de Versailles décorée avec un luxe et un goût remarquables, ainsi qu'un fusil et une paire de pistolets, montés en or et garnis de pierres précieuses, destinés par l'empereur Napoléon Ier au chérif du Maroc; — dans la deuxième, une belle poire à poudre, des casques, des sabres, des poignards, des carquois avec leurs flèches, d'origine orientale; — dans la troisième, une très-belle arquebuse italienne à rouet du milieu du seizième siècle; un mousquet à mèche, ciselé et en partie doré, portant les armes du cardinal de Richelieu; et des pistolets allemands de 1579, ornés d'incrustations en ivoire gravé de la plus grande finesse; — et dans la quatrième, des fusils, des pistolets et des épées des seizième et dix-septième siècles, d'une grande richesse et d'un beau travail.

Seconde partie

Ce qui frappe d'abord les yeux en entrant dans cette autre partie de la galerie, par le petit passage transversal, paré de fragments de pistolets, d'artifices de guerre et de fusées armées de leurs boîtes incendiaires ; c'est le nombre et la variété des collections qui s'offrent de toutes parts : collection d'armes de jet, collection de pistolets, collection d'armes d'hast non européennes, collection d'armes pour le service de la marine. Il faut en dire un mot.

Pour commencer par la collection des armes de jet, placée en face des croisées, elle se compose de l'arc, de l'arbalète et de l'engin volant, qui formaient, avant l'invention de la poudre, l'artillerie de bataille.

L'arc, en usage dans la première moitié du douzième siècle, ne disparut que vers l'année 1550.

L'arbalète, plus lourde que l'arc, mais supérieure en portée et en justesse comme arme de siége, fut abandonnée vers le milieu du règne de François Ier, tandis qu'elle resta plus longtemps en usage comme arme de chasse.

Aussi distingue-t-on plusieurs espèces d'arbalètes : arbalète à pied de biche, arbalète à tour, arbalète à cric, arbalète à jalet et arbalète à baguette. Les trois premières, d'une très-grande force, étaient employées à la guerre; et les deux dernières, dont quelques-unes d'un goût et d'une richesse extrêmes, servaient spécialement à la chasse.

Immédiatement au-dessous de la collection des armes à jet se trouve celle des pistolets, où tous les systèmes sont représentés.

Ainsi, parmi ces pistolets, français, allemands, italiens, espagnols, etc., tous plus ou moins remarquables par leur travail et leur ornementation, on voit figurer :

Les pistolets à rouet, dont les dimensions ont varié pendant les seizième et dix-septième siècles qu'ils ont été en usage;

Les pistolets à silex du dix-huitième siècle, de divers modèles : à canon rond, à pans, rayé, etc.;

Les pistolets réglementaires de 1763 à 1855, à batterie, à coffre, à crochet de ceinture, etc.;

Les pistolets à deux canons superposés, à quatre canons unis en faisceau, à sept canons en bronze, etc.;

Les pistolets se chargeant par la culasse, et les pistolets révolvers. Il y en a une paire, du milieu du dix-huitième siècle, dont on peut, à la main, faire tourner les tonnerres, au nombre de trois, autour du même axe.

A côté de ces pistolets, on voit à droite et à gauche deux grandes armoires, dont l'une étale des armes blanches orientales : sabres, poignards, yatagans, carquois turcs, persans, indiens, tartares, brodés d'or et de pierres précieuses ; — et l'autre, des armes à feu orientales : fusils, pistolets, dont le canon et le fût sont richement ornés ; quelques-unes de ces armes proviennent de l'expédition de 1871, en Afrique.

Des tableaux, placés à la suite les uns des autres, le long de cette même partie de la galerie, présentent la collection des machines et des instruments de fabrication et de vérification des armes à feu portatives.

Cette collection, en modèles réduits, n'est pas moins intéressante que celle des armes à feu qu'on a sous les yeux : elle fait honneur à la main de l'homme qui a pu atteindre à tant de petitesse et de perfection.

Sans s'arrêter devant la collection des coiffures militaires et des cuirasses modernes, placée au fond de cette partie de la galerie, qu'aperçoit-on du côté opposé aux armes à feu portatives ?

D'abord, dans une petite vitrine, des kris malais, à lame en damas, couverte d'ornements en usage dans les mers des Indes ; des poignards javanais d'une haute antiquité, etc. ;

Puis, des armes d'hast, de l'Océanie et de la Chine, dont le fer est en forme de croissant, ou de long couteau, ou bien de flèche, etc. ;

Puis encore, des carquois armés de leurs flèches,

provenant de la Tartarie mongole, de l'intérieur de l'Afrique, du Sénégal et de l'île de Bornéo ; ces dernières sont empoisonnées ;

Après, des casse-tête, à forme plate, à masse sphérique, de l'Inde, de l'intérieur de l'Afrique, des îles Marquises, des Peaux-Rouges du Canada et de l'archipel de la mer de la Chine ;

Enfin, une autre petite vitrine renfermant des vêtements indiens d'une grande richesse.

Au bout de cette dernière partie de la galerie, on se trouve en présence d'un trophée d'armes, montées sur de longues crosses courbées et terminées par une pointe en fer. Ces armes, en usage au dix-huitième siècle, étaient destinées à lancer des grenades. Voilà pourquoi on leur a donné aussi le nom d'espingoles à grenades.

Il y a, parmi ces armes, trois fusils dont les trois coups partent ensemble au moyen d'une tringle en fer qui correspond aux lumières ; un plateau garni de six canons de fusil, qui servait dans la défense des places : il se nommait orgues ou jeu d'orgues ; un fusil d'abordage, à silex, à dix canons et à deux platines : chaque platine correspond à cinq canons ; une machine explosible sous-marine, etc.

Il reste maintenant à jeter un coup d'œil sur les tables en chêne poli dressées au milieu de cette dernière partie de la galerie. Elles y étalent tous les modèles de canons en usage dans la marine française depuis 1786 jusqu'à nos jours : canons rayés, caronades, affûts marins d'embarcation à flèche, obusiers avec châssis à double pivot.

VIII

SECOND VESTIBULE

Ce second vestibule, où l'on se retrouve en sortant de la salle des armes portatives, étale sur ses murs deux portières russes fabriquées de cordages de chanvre, l'une d'embrasure et l'autre de meurtrière, prises à Sébastopol en 1855, ainsi que deux arcs avec leurs flèches dont on se servait avant l'emploi de la poudre : l'un d'eux est un arc de baliste provenant du château de Damas ; et l'autre, un arc d'une grande arbalète à tour, de siége, en acier, de provenance inconnue.

Autour de son enceinte s'offre une importante collection de canons français et étrangers, à partir des premiers essais de l'artillerie : petites et grosses bombardes, veuglaires et coulevrines inférieures à la bombarde mais beaucoup plus longues, fauconneaux, pierriers et mortiers de plus petites dimensions et d'un calibre moins considérable.

Comme toutes ces pièces, aussi variées dans leur volume que dans leurs formes, sont rangées suivant l'ordre chronologique, on peut apprécier et suivre les progrès de l'artillerie dans la fabrication des bouches à feu.

Ainsi on remarque que les premiers canons, d'une construction grossière, étaient formés de douves en fer, renforcées de distance en distance par de anneaux ; que ceux de la première moitié du quatorzième siècle, en fer forgé, avaient la forme de petits tubes lançant des balles de plomb d'un très-faible diamètre ; que ceux de la seconde moitié du quatorzième siècle, en fonte de fer ou coulés en bronze, étaient de fortes dimensions et lançaient des pierres pesant jusqu'à 450 livres ; qu'au quinzième siècle, l'artillerie comptait des bouches à feu de toutes les dimensions ; et qu'au seizième, elles étaient toutes d'une beauté que l'on admire encore, témoin le canon en bronze de l'époque de Louis XIII, portant les armes du cardinal de Richelieu.

Quant aux mortiers, dont l'invention ne date que de la seconde moitié du seizième siècle, ils ne présentèrent non plus aucune régularité dans leurs dimensions ni dans leurs affûts. Ce n'est que long-temps après qu'ils reçurent leur perfectionnement, ainsi qu'on peut en juger par les spécimens qu'on a sous les yeux.

Pour ce qui est des obusiers, d'un calibre plus petit que les mortiers, quoique plus longs que le mortier ordinaire et d'une date plus récente, on peut en voir des échantillons dans la cour d'Angoulême.

Les Hollandais furent, dit-on, les premiers qui en firent usage au dix-septième siècle.

IX

COUR DE LA VICTOIRE

La cour de la Victoire, que précède le second vestibule, offre l'historique des pièces de la flotte depuis 1786 jusqu'en 1869.

Cette collection, qui ne figure pas dans le *Catalogue du Musée*, publié en 1862, est un nouveau présent fait au public.

Les pièces qui la composent, au nombre de quarante, sont de plusieurs sortes : canons de 50, de 36 et même de 8 ; caronades de 36 et de 12 ; obusiers de 27 et de 22 ; canons de 16 rayés se chargeant par la culasse ; canons de 18, de 16 et de 14, rayés et frettés.

Sur ces quarante pièces d'artillerie, qui ont joué un si grand rôle dans nos guerres maritimes, trente-sept sont placées par ordre chronologique, les unes à la suite des autres, le long des murs, à droite ; et trois, portant la date de 1864, à gauche, sur des supports en pierre.

Il y a encore dans cette cour un affût et canon russe pris à Sébastopol, campagne de 1855 ; un autre affût suédois ; et ce qu'il y a de plus curieux, deux coulevrines espagnoles qu'on a retirées du fond de l'Océan à la place des lingots d'or qu'on y cherchait. Elles sont là gisant comme des couleuvres à l'état de pétrification, tant les formes qu'elles ont reçues dans la mer les ont défigurées !

X

COUR D'ANGOULÊME

La cour d'Angoulême, séparée de celle de la Victoire par le second vestibule, offre aussi une collection de pièces d'artillerie, mais une collection plus nombreuse, plus variée et plus intéressante : c'est la série chronologique des canons français et des canons pris à l'ennemi, laquelle, à elle seule, suffirait pour donner l'idée ou du moins le souvenir de la vie guerrière et de la gloire militaire de la France.

En effet, la série chronologique des canons français s'étend depuis 1461 jusqu'à 1858, et n'embrasse rien moins que les règnes de Louis XI, de Charles VIII, de Louis XII, de François Ier, de Henri II, de Henri IV, de Louis XIII, de Louis XIV, de Louis XV, de Louis XVI, de la République, du Consulat, de Napoléon Ier, de Louis XVIII, de Charles X, de Louis-Philippe et de Napoléon III.

Quant à la série chronologique des canons pris à l'ennemi de nos jours, elle se compose des bouches à feu algériennes, campagne d'Alger, 1830; des bouches à feu russes, campagne de 1854 et 1855; des

5.*

bouches à feu autrichiennes, campagne d'Italie, 1859 ; des bouches à feu provenant de la campagne de Chine, 1861. Les deux dernières pièces, qui servent de pendants aux deux autres placées à l'entrée de cette cour, sont également chinoises. Il y en a aussi qui nous viennent du Mexique (1863).

Sans nous arrêter à compter tous ces canons de diverses formes et de différents calibres, qui ont fait couler tant de sang et tant de larmes, il y a encore bien d'autres objets qui s'offrent en même temps à nos regards :

La longue chaîne qui se déploie en forme de guirlande sur les murs, appelée chaîne du Danube, parce qu'elle servit pendant le siége, en 1683, à soutenir le pont de bateaux que les Turcs ávaient construit sur ce fleuve (poids, 3,580 kilogrammes ; longueur, 180 mètres) ;

Les deux ancres de marine, en fer forgé, de fortes dimensions, prises à Sébastopol en 1855 ;

Le canon monstre d'Ehrenbreitstein, coulé en 1528, pris en 1799 par l'armée française, emmené avec cent quatre-vingts autres canons comme butin de guerre dans l'arsenal de Metz, et transporté au Musée d'artillerie en 1868 ;

Le canon chinois monté sur affût, à quatre roues, et la mitrailleuse désignée sous le nom de Ribeaudequin, campagne de Chine, 1860 ;

Les deux caronades de marine russes, sur affût dit sauterelle, campagne de Crimée 1855 ;

Le jeu d'orgues de six canons de fusil, dont chaque canon renferme deux charges séparées par des rondelles de cuir, et auxquelles on mettait le feu par les deux lumières correspondantes, à calice et à couvre-feu ;

Le canon en bronze, au disque circulaire, projet américain, système revolver à trois charges, qui se trouvent en face de l'âme de la bouche en faisant tourner le disque ;

Enfin une bouche à feu algérienne, en bronze, à neuf âmes, provenant de la prise d'Alger ; des canons de rempart, des affûts de mitrailleuses étrangères, des obusiers, des mortiers et des pierriers dont le sol est couvert ainsi que de gazon et d'une herbe tendre, frappant contraste !

La cour d'Angoulême franchie, on se trouve sous le péristyle qui y conduit et autour duquel se dressent huit grosses bombardes du quinzième siècle ; quatre canons de l'époque de Louis XIV, et des chaînes avec leurs boulets et leurs carcans.

Les grosses bombardes, composées de la chambre à feu et de la volée, qui n'existe plus, dont les projectiles étaient en pierre, proviennent presque toutes de la ville de Meaux, où elles avaient été abandonnées par les Anglais en l'année 1422.

Les canons français, dressés en face de la porte

d'entrée, contrastent par la beauté de leurs formes, avec la grossière construction de ces bombardes.

Quant aux chaînes, suspendues aux murailles, dont l'une provient d'une ancienne poterne du palais de justice; deux autres, de la prison militaire de Verdun; et la dernière, du camp des Marocains, qui l'avaient forgée pour les prisonniers français, après la bataille d'Isly, elles semblent nous dire: Craignez la justice, et gardez-vous de la présomption et de la jactance.

TROISIÈME PARTIE

TOMBEAU DE NAPOLÉON Ier

Pour se rendre au tombeau de Napoléon Ier de l'Hôtel des Invalides, il faut sortir par la grille d'entrée et en longer les murs soit à droite soit à gauche.

Le *tombeau de Napoléon Ier* devait être érigé sous le dôme en vertu de la loi du 12 mai 1840. « L'art, avait dit M. de Rémusat, alors ministre de l'intérieur, en en présentant le projet à la Chambre des députés, qui l'accueillit avec d'universelles acclamations, l'art élèvera sous le dôme, au milieu du temple consacré par la religion au Dieu des armées, un tombeau digne, s'il se peut, du nom qni doit y être gravé. Ce monument doit avoir une beauté simple, des formes grandes et cet aspect de solidité inaltérable qui semble braver l'action du temps. Il faudrait à Napoléon un monument durable comme sa mémoire. »

Aussi est-ce dans ce lieu silencieux et sacré qu'il a été construit par l'architecte Visconti, sorti vainqueur du concours, avec l'aide des artistes français les plus éminents ; et les restes mortels de Napoléon, recueillis avec un soin religieux à Sainte-Hélène, transportés en grande pompe à Paris, et déposés le 15 décembre 1840, dans la chapelle de Saint-Jérôme, y reposent depuis le 2 avril 1861.

Nous pouvons le dire tout d'abord : l'église du dôme et le tombeau qu'elle renferme sont deux chefs-d'œuvre ; et, qui plus est, à jamais inséparables, grâce à l'accord parfait et à l'admirable harmonie que Visconti a su établir entre le nouveau monument et l'ancien, destiné à lui servir de couronnement.

I

VUE EXTÉRIEURE DU DOME

Le dôme, dû au génie de Mansart, qui fut obligé de le rattacher à l'église principale, dont le plan avait déjà été tracé par l'architecte Bruant, n'en forme pas moins à lui seul un monument à part.

Achevé au bout de trente ans, et dédié en 1706, sous le titre et l'invocation de Saint-Louis, il semblait, par sa disposition, destiné au monument funèbre qui y a été établi.

L'entrée principale du dôme, qui présente dans sa partie inférieure un quadrilatère régulier de 56 mètres en tous sens, est au midi en face de la place Vauban.

La vue que l'habile architecte lui a donnée de ce côté répond à la grandeur de ses proportions, et la grandeur de ses proportions à sa hauteur, qui est de 105 mètres.

Une vaste cour, où l'on entre par une superbe grille en fer, appuyée à deux pavillons, en est comme le vestibule. C'est dans cette cour que l'on doit établir des portiques circulaires, comme on les voit à Saint-Pierre de Rome. Ces portiques, qui précéderont ainsi l'édifice, seront décorés des statues des grands capitaines qui ont illustré la France, et de bas-reliefs représentant leurs exploits.

La façade du dôme, qui s'élance d'un perron de quinze marches et qui fait l'avant-corps, est soutenue par quatorze colonnes et pilastres de l'ordre dorique.

Les deux statues en marbre blanc, de près de 4 mètres de hauteur, que l'on aperçoit dans des niches, accompagnées d'autres colonnes moins avancées que les précédentes, représentent, l'une Charlemagne avec les attributs impériaux, et l'autre saint Louis en manteau de croisé : celle-ci modelée par le célèbre Girardon, et la première, sculptée par Coysevox.

L'entablement supérieur du monument a naturellement plus de magnificence. Les colonnes d'ordre corinthien qui le décorent, également au nombre de quatorze, supportent un fronton, sur lequel on voit quatre statues d'une belle exécution : la Justice, la Température, la Prudence et la Force.

Dans le tympan du fronton se trouve l'écusson des armes de France, qui a été rétabli par Bonnard, et qui sera surmonté, comme avant 93, d'une croix accompagnée de deux figures assises, représentant la Foi et la Charité.

On se propose aussi de replacer les autres statues que l'on voyait au-dessus des quatre colonnes des extrémités de l'avant-corps, ainsi que dans les quatre angles du bâtiment.

Cette partie de l'édifice sert d'appui à la tour, qui forme le dôme, et qui s'élève décorée de quarante colonnes d'un bel effet : les entre-colonnements sont remplis par douze vitraux, ornés de sculptures.

L'attique, au-dessus, est percé de douze autres croisées en plein cintre, enrichies de chambranles sculptés. Les consoles renversées à enroulements, qui en sont le contre-fort, contribuent à son embellissement : il sera encore rehaussé par les deux grandes statues qui l'accompagnaient de part et d'autre, dans le bas, comme aussi par les seize autres, qui figuraient au-dessus des grands massifs de l'ordre composite.

Sur l'attique, que couronne une riche campane restaurée récemment d'après les anciens dessins, repose majestueusement le dôme, tout couvert de plomb, et décoré de douze grandes côtes, entre lesquelles se dessinent des guirlandes symboliques, des trophées d'armes en bas-reliefs et des casques romains dont les visières servent à en éclairer la charpente intérieure.

Puis, au-dessus encore, se dresse un campanile entouré de douze colonnettes, disposées par groupes de trois, en laissant entre elles quatre arcades plein cintre. Ce campanile, qui était couronné également de quatre statues qu'on se propose de lui rendre, se termine par un obélisque cannelé, tout ciselé de fleurs de lis, surmonté d'un globe qui supporte une croix.

La restauration complète dont le dôme vient d'être l'objet, sous la direction de M. Crépinet, architecte des bâtiments civils, et qui consiste dans la reconstitution de sa charpente avec des bois de choix, mise à l'abri des infiltrations au moyen d'un mode spécial de plomberie, rétablie dans son état primitif, ainsi que dans la redorure à neuf de la flèche et des trophées d'armes en bas-reliefs, ne peut qu'ajouter à sa solidité, à sa beauté et à sa magnificence.

VUE INTÉRIEURE DU DOME

Le dôme, dont la sanctuaire, de forme elliptique,
a 18 mètres de long sur 12 de large et 26 de hauteur jusqu'à la clef de la voûte, présente à l'intérieur
une croix grecque.

On y entre à la clarté d'une lumière douce et
mystérieuse, due aux verres d'un violet tendre que
l'on a substitués aux vitraux blancs des douze
grandes croisées; et en foulant aux pieds de magnifiques mosaïques qui, ayant éprouvé plus tôt
le pouvoir du temps, ont eu besoin d'être restaurées.
En avançant vers la rampe circulaire de la crypte,
on est frappé de la justesse de ses proportions et des
objets d'art qu'il renferme. Tout y attire les regards :
la voûte de la nef, les chapelles latérales, l'autel et
le tombeau.

VOUTE DE LA NEF

La voûte de la nef, à cause de son étendue, est soutenue par quatre énormes piliers sur les pendentifs desquels le célèbre Charles Delafosse a peint, dans dés bordures dorées, les quatre Évangélistes.

Les médaillons en bas-reliefs que l'on aperçoit immédiatement au-dessus des pendentifs, couronnés d'un entablement attique et mosaïque, représentent les rois de France les plus marquants depuis Clovis jusqu'à Louis XIV. Ces bas-reliefs, n'ayant pu tenir contre le temps, ont été refaits par nos meilleurs artistes.

Les douze Apôtres, que l'on voit peints avec les attributs qui les caractérisent, sur les panneaux entre les arcs-doubleaux qui s'élèvent sur ce riche attique, sont l'œuvre de Jean Jouvenet.

C'est au-dessus de la corniche de la voûte à jour, décorée de pampres de vigne, que Charles Delafosse a placé son grand morceau de peinture, où il représente saint Louis entrant dans la gloire, et faisant hommage à Jésus-Christ, environné de ses anges, de l'épée avec laquelle il a combattu les ennemis du nom chrétien.

Cette magnifique peinture, idéalisée en quelque sorte par l'expression touchante et élevée de ses figures, au nombre de trente-huit, disposées en cinq groupes, achève le couronnement de la voûte de la nef, richement décorée de sculptures et éclairée avec un art infini.

CHAPELLES LATÉRALES

Quelque surprenante que soit la voûte de la nef, où l'art a déployé autant de goût que de magnificence, les chapelles latérales, au nombre de six dont trois de chaque côté, communiquent ensemble, n'en excitent pas moins l'admiration, non-seulement par les sculptures et les peintures de la grande époque qui y sont étalées, mais encore par les monuments funèbres qu'on y a élevés de nos jours, et qui répondent parfaitement à la nouvelle destination de l'édifice.

Deux de ces chapelles, de forme carrée, de 11 mètres d'étendue, celles de la Sainte-Vierge et de Sainte-Thérèse, s'ouvrent à droite et à gauche du dôme. Les quatre autres, de forme circulaire à peu près égale, de 25 mètres de hauteur sur 10m,80 cent. de diamètre, sont dans les diagonales, sous le vocable des grands docteurs de l'Église d'Occident : saint Augustin, saint Ambroise, saint Grégoire et saint Jérôme.

Les autels qu'on y avait élevés ont été renversés pendant la première révolution, avec les statues placées dans des niches que l'administration des beaux-arts se propose de replacer.

6

CHAPELLE SAINT-AUGUSTIN

La *chapelle Saint-Augustin,* à droite en entrant dans le dôme, est ornée de sculptures et de peintures.

Les sculptures, où l'on trouve les noms des artistes Anselme Flamant, Jean Poulletier, La Pierre, représentent la Religion, saint Louis exposant à la vénération des peuples une partie de la vraie croix, rendant la justice, et recevant l'extrême-onction à son lit de mort; — et les peintures, dues au pinceau de Louis Boulogne, la conversion de saint Augustin, son baptême, ses prédications, son sacre, sa controverse contre les donatistes, la guérison d'un malade avant sa mort et son élévation au ciel.

Le tombeau, qui se voit au milieu, a été construit, en 1863, par M. Crépinet, architecte.

Ce tombeau, qui contient la bière avec les restes du roi Joseph, frère de Napoléon Ier, ramenés de Florence en 1861, est composé de deux parties :

La partie supérieure, en marbre grand antique des Pyrénées, forme le sarcophage fait en manière d'urne rectangulaire; et la partie inférieure, en marbre vert des Alpes, le soubassement, soutenu, de chaque côté, par quatre consoles du même marbre.

L'ensemble du monument est d'un naturel parfait en son genre.

CHAPELLE DE LA SAINTE-VIERGE

La *chapelle de la Sainte-Vierge*, où l'on pénètre par deux arcades, représente sur ses bas-reliefs la construction des Quinze-Vingts, la prise de Damiette par saint Louis, et des figures allégoriques : la Prudence et la Tempérance.

Le monument que l'on voit dans l'emplacement de l'autel, élevé en 1808 au maréchal Vauban, a dû être refait en 1844, par suite de la nouvelle destination donnée au dôme. M. Etex, à qui on en avait confié le soin, a su donner à sa composition autant de grandeur que de simplicité. Le maréchal y est représenté à demi couché, ayant à ses côtés deux figures symboliques, la Science et la Guerre. L'urne d'albâtre qui surmontait la colonne funéraire du mausolée et renfermait son cœur, que l'empereur Napoléon Ier avait réuni sous le dôme, par une association touchante, aux cendres du maréchal de Turenne, a été transférée en 1852 dans le caveau des gouverneurs.

CHAPELLE SAINT-AMBROISE

La *chapelle Saint-Ambroise*, où donne entrée l'arcade opposée, représente sur ses bas-reliefs, qui sont de Coustou, Hardy, etc., l'Humilité, un concert d'anges, saint Louis lavant les pieds d'un pauvre, le Sauveur lui apparaissant dans l'Eucharistie sous la forme d'un enfant, et ce grand monarque envoyant des missionnaires chez les infidèles.

Les tableaux qui la décorent, peints par Bon Boulogne, frère de Louis Boulogne, rappellent l'élection de saint Ambroise à l'archevêché de Milan ; la pénitence imposée à l'empereur Théodose par ce saint docteur ; la conversion d'un fameux arien ; la découverte du corps de saint Nazaire, martyr ; la guérison d'un démoniaque ; le saint à son lit de mort, puis montant au ciel.

Cette chapelle paraît être destinée à recevoir les restes de Louis, roi de Hollande, un des quatre frères de Napoléon Ier.

CHAPELLE SAINT-GRÉGOIRE

La *chapelle Saint-Grégoire*, en face de la chapelle Saint-Ambroise, montre sur ses bas-reliefs, où l'on retrouve les noms de La Pierre, de Jean Poulletier et de Lecointe, le mariage de saint Louis, le légat du pape donnant la croix à ce prince pour le voyage de la Terre sainte, l'Espérance ayant une ancre auprès d'elle, un concert d'anges au milieu des nuées, et le roi saint Louis servant les pauvres à table.

Les peintures dont cette chapelle est ornée sont

de Michel Corneille: elles représentent saint Grégoire distribuant son bien aux pauvres, convertissant Eutichès, recevant la visite de Jésus-Christ, ordonnant une procession pour la cessation de la peste à Rome, l'apparition d'un ange à ce saint docteur, la translation de ses restes et son apothéose.

Voici encore une chapelle qui semble réservée pour y recevoir la dépouille du prince Lucien, autre frère de Napoléon Ier.

CHAPELLE SAINTE-THÉRÈSE

La *chapelle Sainte-Thérèse*, où l'on communique, comme dans celle de la Sainte-Vierge, par deux arcades, retrace sur des bas-reliefs, œuvre de Corneille Vauclève et de Philippe Magnier, la translation de la couronne d'épines par saint Louis, ce prince touchant et guérissant des malades, la Force et la Justice ainsi que d'autres symboles.

Le monument, surmonté d'un obélisque, que l'on voit sur l'emplacement de l'autel, représente Turenne, un des plus grands capitaines de Louis XIV, mourant dans les bras de l'Immortalité, ayant à ses pieds l'aigle germanique, et à ses côtés la Sagesse et la Valeur.

Ce beau monument, dont la composition est de Lebrun et l'exécution de Tuby, et auquel Marsy a travaillé aux ornements qui l'accompagnent, était à Saint-Denis.

Le premier consul l'a fait ériger en ce lieu. Il renferme la dépouille mortelle de Turenne que le botaniste Desfontaine avait sauvée, en la faisant passer pour une momie française, à l'époque où furent profanées par la populace les tombes royales des caveaux de Saint-Denis.

CHAPELLE SAINT-JÉRÔME

La *chapelle Saint-Jérôme*, qui se trouve, comme la chapelle Saint-Augustin, à l'entrée du dôme, mais à gauche, est richement ornée de bas-reliefs et de peintures.

Les bas-reliefs, qui sont de Nicolas Coustou, de Jean Poulletier et de François Spingola, représentent deux groupes de prophètes ; saint Louis pansant les malades et assistant à la sépulture de ceux qui avaient été tués en combattant les infidèles ; la Charité, sous la figure d'une mère entourée de ses enfants ; et le Pape donnant la bénédiction au saint roi et aux princes ses enfants.

Les peintures, dues au pinceau de Bon Boulogne, retracent les principaux événements de la vie de saint Jérôme : sa visite aux Catacombes de Rome, son baptême, son ordination, la réprimande qu'il raconte avoir reçue de Jésus-Christ pour son attachement aux auteurs profanes, sa retraite au désert, et sa mort, ou plutôt son apothéose, d'une expression incomparable.

Le monument en marbre, ornementé de bronze, qu'on a érigé dans cette chapelle en 1862, renferme le corps de l'ex-roi de Westphalie, le prince Jérôme, dernier frère de Napoléon Ier. La statue qui le représente, faite par M. Guillaume, de l'Institut, et fondue dans les ateliers de **M. Victor Thiébaut**, se détache avec un relief et une grâce sévère.

En face est le tombeau où ont été déposés les restes de son fils aîné; et, non loin, l'urne contenant le cœur de la reine Catherine de Wurtemberg, sa femme, qu'il avait fait venir de Florence de son vivant.

L'AUTEL

L'autel, qui s'élève sous la grande arcade du chœur, où Noël Coypel a peint deux magnifiques tableaux, l'un représentant l'auguste Trinité, dans la voûte du sanctuaire; et l'autre, l'Assomption de la sainte Vierge, au-dessus de l'arcade du même sanctuaire, est spécialement destiné au service pour le repos de l'âme de l'empereur Napoléon : c'est une des plus belles œuvres de Visconti.

L'ancien autel, érigé au même endroit par Mansart, puis renversé pendant la révolution, et enfin relevé en 1811 par ordre de Napoléon, ne pouvait plus convenir à la nouvelle destination du monument, sans compter qu'il présentait deux faces, l'une pour le service de l'église du dôme, et l'autre pour celui de l'église des Invalides, autrefois réunies, mais aujourd'hui séparées par de grandes glaces maintenues par une armature de métal et posées sur des châssis en bronze et en fer doré.

Le nouvel autel, au contraire, désormais isolé, est tout à fait convenable, autant par la simplicité du plan que par la magnificence dans l'exécution.

En effet, n'ayant d'autre forme que celle d'un tombeau antique, qui est la forme que l'on voit souvent figurer dans les églises, parce que les premiers chrétiens se servaient des tombeaux des martyrs pour y célébrer les saints mystères, il est en marbre noir tiré des carrières de l'Isère, surmonté d'un beau Christ en bronze, posé sur une croix du même métal, et revêtu d'un superbe marbre vert, provenant des hautes et basses Alpes.

Les dix marches qui y conduisent sont encadrées dans une balustrade de marbre blanc et noir, récemment découvert dans l'Ariége, et pareil au noir antique que les Romains tiraient de l'Afrique.

Le baldaquin, en bronze doré, qui le rehausse,

est soutenu par quatre colonnes torses, monolithes de 8 mètres de haut sur 0^m,90 cent. de diamètre, de la même composition que les parois du soubassement.

Au centre de ce riche baldaquin, surmonté d'une croix, on voit figurer, sur un écusson porté par des anges, les lettres initiales de saint Louis, patron de l'église.

Cet autel, qui tient de l'architecture la plus élégante, étant placé sous la voûte du sanctuaire, où les anges suivent vers les cieux l'Assomption de la bienheureuse Vierge, semble rapprocher l'homme de Dieu. Aussi on aime à le contempler, et d'autant plus qu'il a conservé la disposition des autels primitifs de l'Église latine, toujours simples de forme, bien qu'ils fussent entourés de tout ce qui devait les faire paraître saints aux yeux des fidèles, et même magnifiques comme était celui de l'ancienne basilique du Vatican, que saint Sylvestre conseilla à l'empereur Constantin de construire, et aux quatre angles duquel étaient placées quatre colonnes de porphyre, qui soutenaient une couverture en argent et une tribune dorée entourée de chérubins.

Le choix de la forme de l'autel préférée par l'artiste est donc conforme aux anciennes traditions et ne diffère qu'en certains points de celle de la plupart des autels dans les églises byzantines du rite grec, qui n'étaient pas, comme les nôtres, exhaussés sur des gradins, et devant lesquels s'élevait et s'élève encore une clôture sacrée, percée de trois portes qui s'ouvrent et se ferment à plusieurs reprises, afin de voiler ou de découvrir l'autel.

Il est regrettable, au point de vue de l'art, que la plupart des autels que l'on construit de nos jours aient perdu de cette simplicité grave, qui est la marque du bon goût, et qu'on les surcharge d'ornements parasites : d'une quantité de flambeaux, de vases de fleurs artificielles et de tableaux avec encadrement présentant des scènes réelles aux yeux, qui, sans être profanes, sont plus propres à distraire qu'à édifier.

LE TOMBEAU

Le tombeau de l'empereur Napoléon, dont l'érection ne devait pas troubler l'harmonie du temple, mais permettre d'en embrasser l'ensemble et d'en contempler la magnificence imposante, est placé, à une profondeur de 6 mètres au-dessous du sol du dôme, dans une crypte de 23 mètres de diamètre.

L'entrée de cette crypte, qui s'ouvre sur un vaste palier, où l'on arrive par un escalier en beau marbre de Carrare dont les marches ont été taillées dans des blocs de 25 pieds de longueur, et qui se déploie à droite et à gauche de l'autel, est précédée des monuments funèbres en marbre noir et vert, élevés, d'après les dessins de Visconti, aux maréchaux du palais, Duroc et Bertrand, qui furent aussi fidèles à leur Empereur dans son infortune qu'ils l'avaient été dans sa puissance. Leurs cendres y reposent depuis le 5 mai 1847.

De chaque côté de la porte d'entrée, au-dessus de laquelle on lit ces paroles du testament de Napoléon,

qui ont eu un si bel accomplissement : « Je désire
que mes cendres reposent sur les bords de la Seine,
au milieu du peuple français que j'ai tant aimé », se
dressent, sous la forme de deux colossales statues en
bronze, exécutées par Duret, deux génies, couronnés
de cyprès et de voiles funèbres, portant sur des cous-
sins une main de justice, une couronne, une épée et
un globe.

La crypte, dont l'ouverture a le même diamètre
que celle de la base de la voûte du dôme, est entourée d'une galerie circulaire, qui s'étend sous le
pavé du dôme, et au plafond de laquelle sont ap-
pendues des lampes funéraires en bronze, prises
sur les modèles en terre cuite de Pompéia. Les dix
grands bas-reliefs qui en décorent les parois, et où
Napoléon occupe toujours le centre, ont été compo-
sés par Simart : placés à la suite les uns des autres,
ils rappellent, dans le noble langage de la statuaire,
la pacification des troubles civils, l'organisation de
l'administration publique, la promulgation du Code,
le concordat, les travaux publics, le commerce et
l'industrie protégés, la fondation de l'Université, de
la Cour des comptes, du conseil d'État et de la Légion d'honneur.

Des inscriptions, tirées des décrets impériaux ou
des paroles mêmes de Napoléon à Sainte-Hélène,
servent à éclairer ce qu'il peut y avoir d'obscur dans
ces compositions sculpturales.

Il n'y a pas jusqu'aux piliers en beau marbre de

Carrare, sur lesquels est appuyée la galerie, qui ne parlent également aux yeux des spectateurs ; car ces piliers ne sont rien moins que douze statues, sculptées par le célèbre Pradier, symboles ou figures d'autant de victoires de Napoléon, qui ont le regard tourné vers son cercueil.

Tout le sol de la crypte est recouvert de marbre de couleur : une couronne de laurier en mosaïque y est incrustée ainsi qu'une immense étoile à travers les rayons de laquelle on lit les noms célèbres de : Rivoli, Pyramides, Marengo, Austerlitz, Iéna, Friedland, Wagram, Moskowa.

C'est au centre de ce sol, qui portera aux siècles futurs la mémoire des hauts faits de Napoléon, que s'élève, sur un socle de granit vert des Vosges, le tombeau, où repose son corps, dans la quadruple bière d'acajou, de plomb, d'ébène et de fer-blanc, qui a été reçue elle-même dans un dernier coffre d'une substance granitique d'Algaiola (Corse), semblable au soubassement de la colonne de la place Vendôme.

Ce tombeau, de 4 mètres de long sur 2 de large et 4^m,50 de haut, est formé de quatre blocs distincts : la cuve, le couvercle et deux supports. Le porphyre rouge de Finlande, qui le compose, était si dur que, pour le polir, il a fallu recourir à une machine à vapeur. D'une forme monumentale et antique, et sans autres ornements que des arêtes arrondies et des enroulements d'une sévère régularité, il a été clos, le 2 avril 1861, par des plaques de granit de Normandie, scellées à demeure, et maintenues par des croisillons en fer.

Les cinquante-quatre drapeaux sur des trépieds en bronze florentin, que l'on voit autour de cet immense sarcophage, qui semble fait pour triompher du temps, sont ceux-là mêmes que l'empereur Napoléon avait envoyés, le 18 octobre 1805, de son camp d'Elchingen aux sages de l'empire comme un présent, disait-il dans sa lettre qui accompagnait cet hommage, que des enfants font à leur père; et qui, après avoir orné longtemps la salle du Sénat, avaient été cachés par M. de Sémonville, grand référendaire, lors de l'invasion des armées étrangères.

La grille en bronze doré que l'on aperçoit derrière la crypte, en face de l'entrée du tombeau, donne accès à une *chambre souterraine* de 4 mètres de diamètre dans sa plus grande largeur, à laquelle Visconti a donné le nom de reliquaire impérial, parce qu'elle renferme, dans une vitrine en bronze doré, des objets précieux ayant appartenu à l'Empereur, tels que l'épée qu'il portait à Austerlitz, les insignes qui décoraient sa poitrine aux jours solennels, la couronne d'or votée par la ville de Cherbourg et le chapeau qu'il avait à Eylau, et qui servit de modèle au baron Gros.

Au fond de cette chambre, dont le pavé est en mosaïque incrustée et les parois en marbre noir,

apparaît la statue de Napoléon en costume impéria
du sacre, tenant d'une main le sceptre, et de l'autre
le globe. Cette statue en marbre blanc, de 2^m,66 de
hauteur, due au ciseau de Simart, est d'une beauté
remarquable.

C'est ainsi que les superbes travaux de la sculp-
ture moderne et les magnifiques peintures de la
grande époque concourent à la splendeur du monument élevé par les arts, sous le dôme des Invalides,
au chef de la quatrième dynastie.

Ce prodigieux monument, dressé aussi et tout
d'abord pour la postérité, a demandé plus de douze
ans pour être achevé.

Cependant, malgré la solidité de sa construction,
il pourrait disparaître dans le cours des âges comme
tant de magnifiques monuments qui ont fait l'admiration de l'ancien monde. Mais ce qui ne saurait
disparaître, ce qui vivra à jamais, c'est le souvenir
de la France, qui n'a pas souffert que Napoléon,
mort loin de ses yeux, reposât comme un paria sur
le rocher de Saint-Hélène.

France, on te reproche quelquefois d'être volage
et inconstante; mais on ne t'accusera pas d'être
ingrate, et le legs des os de ton Empereur que tu
as accepté attestera aux générations à venir que
tu es généreuse, magnanime, aimant à t'associer
aux grandes gloires et aux grandes infortunes !

Il nous reste à considérer quels étaient les sentiments qui ont animé, surtout dans ses derniers moments, l'âme guerrière dont la dépouille repose « au milieu du temple consacré par la religion au Dieu des armées ».

Nous faisons suivre les derniers moments de Napoléon de quelques notes qui s'y rapportent. Ces notes, étant précédées du texte dont elles sont la justification et le complément, pourront être lues à la fin de cet écrit.

GLI ULTIMI GIORNI
DI
NAPOLEONE PRIMO

QUATRIÈME PARTIE

DERNIERS MOMENTS

DE NAPOLÉON Ier

Il ne s'agit ici que des derniers moments de Napoléon Ier, et encore de ses derniers moments au point de vue religieux.

Napoléon, conquérant, législateur, fondateur de la quatrième dynastie en France, a-t-il tenu, au moment suprême où finissent les mystères de la naissance et de la vie, et où commencent ceux de la mort, à sortir de ce monde en chrétien? Ses pensées, ses paroles et ses actions ont-elles été celles d'un enfant docile et soumis de l'Église dans le sein de laquelle il était né? C'est de quoi nous avons voulu avoir une idée nette et précise que nous espérons faire partager à nos lecteurs; car, non content de connaître ce qui a été publié à cet égard par des écrivains célèbres, tels que les Chateaubriand, les Thiers, etc., nous avons pris soin de remonter aux

7.

sources incontestables, et de lire la relation donnée
par les témoins de sa captivité. C'est dire assez que
ce que l'on va entendre, c'est la parole même de
Napoléon, rapportée non-seulement par les Las
Cases, les O'Méara et les Gourgaud, mais encore
par les Bertrand, les Antomarchi et les Montholon,
qui n'ont quitté l'île de Sainte-Hélène qu'après sa
mort.

Cependant, avant de montrer de quelle façon cet
homme, qui a rempli le monde de son nom, a
voulu accomplir le dernier acte de la vie, qui est
toujours sanglant, dit Pascal, quelque belle que soit
la comédie, mais qui n'est, aux yeux du chrétien,
que l'acquittement d'une dette, et le moyen de
jouir de l'immortalité, nous allons faire connaître
comment ce même homme, encore qu'il ne possédât
pas la science théologique au même degré que la
science gouvernementale, administrative et militaire, croyait à la religion chrétienne, et quels
étaient ses sentiments sur un si grave sujet.

I

Remarquons d'abord que Napoléon n'a jamais nié l'existence de Dieu ; qu'il s'est plu, au contraire, à déclarer plus d'une fois que tout la proclame : « L'honnête homme, disait-il, ne doute jamais de l'existence de Dieu, car si sa raison ne suffit pas pour la comprendre, l'instinct de l'âme l'adopte. » (*Récits de la captivité de l'empereur Napoléon à Saint-Hélène*, par le général Montholon, Paris, 1847, tome II, page 286.)

Il est vrai qu'un jour O'Méara s'étant permis de demander à ce grand homme s'il croyait à la fatalité, ce qui implique la négation de la providence divine, et même de notre libre arbitre et de notre solidarité, il avait répondu qu'il y croyait autant que les Turcs. Mais ce qui ne l'est pas moins, c'est que, dans une autre occasion, il avait été soigneux de réfuter les Turcs eux-mêmes par leur conduite.

« Ces patrons du fatalisme, avait-il dit, n'en sont pas persuadés ; autrement, il n'y aurait plus de mé-

decine chez eux, et celui qui occupe un troisième
étage ne se donnerait pas la peine de descendre
longuement les escaliers, il descendrait tout de
suite par la fenêtre, et vous voyez à quelle foule
d'absurdités cela conduit, etc. » (*Mémorial de Sainte-
Hélène*, Paris, 1842, tome II, page 285.)

Pour venir maintenant à la religion, et à la religion chrétienne, dont le propre est de nous unir à
Dieu, Napoléon y croyait non d'une foi aveugle ou
déraisonnable, mais sur l'autorité de l'Église catholique, qui l'enseigne au monde, et à laquelle Dieu
doit son éternelle assistance ; car il avait compris
de bonne heure que, faibles comme nous le sommes
tous sur ce point essentiel, la souveraine raison
était de savoir à qui il fallait se fier.

Voilà pourquoi, interrogé un jour à Saint-Hélène,
par le docteur O'Méara, protestant, il lui fit la ré-
ponse que l'on va entendre, et qui est vraiment
digne d'un chrétien :

« J'ai causé pendant quelques instants avec l'Empereur sur la religion. Je lui ai dit qu'il y avait en
Angleterre bien des versions sur sa croyance religieuse, et qu'on y présumait actuellement qu'il était
catholique romain. » *Ebbene*, répliqua-t-il, *credo
tutto quel che crede la Chiesa* (je crois comme
l'Église). (*Mémorial de Saint-Hélène*, tome II,
page 592, édition de 1842.)

Cette déclaration, faite en termes généraux mais
clairs, nous donne évidemment à entendre que Na-

poléon faisait céder son jugement à celui de l'Église, et qu'il n'y a pas moyen de douter de son respect et de sa soumission aux vérités qu'elle prêche aux nations comme aux individus depuis près de deux mille ans.

Du reste, quand bien même les vérités de notre foi se seraient manifestées alors à ses yeux d'une manière plus sensible qu'à d'autres époques, où les affaires du monde l'occupaient davantage, toujours est-il qu'il ne cessa jamais de rendre hommage à la grandeur, à l'importance et à la nécessité de la religion chrétienne, malgré les doutes qui ont pu l'assaillir de temps à autre avant ses derniers moments (note I).

Ainsi, dans son discours aux curés de Milan, en 1800, il en parle comme d'une lumière qui éclaire toutes nos voies : « Moi aussi je suis philosophe, et je sais que dans une société, quelle qu'elle soit, nul homme ne saurait passer pour vertueux et juste s'il ne sait d'où il vient et où il va. La simple raison ne saurait nous fixer là-dessus ; sans la religion, on marche continuellement dans les ténèbres, et la religion catholique est la seule qui donne à l'homme des lumières certaines sur son principe et sa fin dernière. » (*Correspondance de Napoléon I*er, tome VI, page 427, n° 4884.)

Dans une lettre écrite de sa main pendant le Consulat au père Charles Minime, ancien aumônier de l'école de Brienne, il la regarde comme un

moyen qui nous élève ici-bas, et assure à jamais
notre avenir : « Je n'ai point oublié, dit-il, en lui
envoyant le brevet d'une pension de mille francs, que
c'est à votre exemple et à vos sages leçons que je dois
la haute fortune à laquelle je suis arrivé. Sans la
religion il n'est point de bonheur, point d'avenir
possible. » (*Histoire anecdotique de l'empereur Napoléon I*er*, par A. Du Casse, un volume in-12, page 15,
édition de 1869.)

Dans une autre lettre, écrite de Schœnbrunn, le
13 décembre 1805, à M. de Champigny, il l'envi-
sage comme un soutien sans lequel on tombe dans
le désespoir et l'horreur qu'inspire l'athéisme :
« C'est avec un sentiment de douleur que j'apprends
qu'un membre de l'Institut, célèbre par ses con-
naissances, mais tombé aujourd'hui en enfance, n'a
pas la sagesse de se taire et cherche à faire parler
de lui, tantôt par des annonces indignes de son ancienne réputation et du corps auquel il appartient,
tantôt en professant hautement l'athéisme, principe
destructeur de toute organisation sociale, qui ôte
à l'homme toutes ses consolations et toutes ses
espérances. » (*Correspondance de Napoléon I*er*,
tome VI, page 574, n° 9562.)

Dans ses causeries à Sainte-Hélène, il la signale
comme étant propre à éteindre le feu des discordes
civiles. Et c'est pour cela qu'il travailla puissam-
ment à son rétablissement en France, ainsi que se
plaît à le reconnaître le souverain pontife, Pie VII,

dans sa lettre du 6 octobre 1817, au cardinal Consalvi, qu'il charge d'écrire de sa part aux souverains alliés et notamment au prince régent, afin d'adoucir les souffrances de l'exil de l'Empereur.

« La famille de l'empereur Napoléon nous a fait connaître par le cardinal Fesch, que le rocher de l'île de Sainte-Hélène est mortel, et que le pauvre exilé se voit dépérir chaque minute. Nous avons appris cette nouvelle avec une peine infinie, et vous la partagerez sans aucun doute, car nous devons nous souvenir tous les deux qu'après Dieu, c'est à lui, principalement, qu'est dû le rétablissement de la religion dans ce grand royaume de France. La pieuse et courageuse initiative de 1801 nous a fait oublier et pardonner depuis longtemps les torts subséquents. Savone et Fontainebleau ne sont que des erreurs de l'esprit ou des égarements de l'ambition humaine ; le concordat fut un acte chrétiennement et héroïquement sauveur. » (*Mémoires du cardinal Consalvi*, traduits par J. Crétineau-Joly, tome Ier, Introduction, page 78, édition de 1864.)

Dans les instructions qu'il donne en mourant à son fils, il la montre comme une loi d'activité incessante, faisant marcher les peuples qui l'ont embrassée dans la voie du perfectionnement et du progrès, tandis que les nations qui sont sous la loi de Brahma, de Confucius et de Mahomet, croupissent dans une stagnation de mœurs qui afflige l'œil de l'observateur ; il désire que son héritier se mette à

la tête de ce grand et magnifique progrès de régénération sociale. Il faut l'entendre :

« Mon fils doit être l'homme des idées nouvelles
et de la cause que j'ai fait triompher partout. Ré-
générer les peuples par les rois ; établir partout des
institutions qui fassent disparaître les traces de la
féodalité, qui assurent la dignité de l'homme, déve-
loppent les germes de la prospérité qui dorment
depuis des siècles ; faire partager à la généralité ce
qui n'est aujourd'hui que l'apanage d'un petit
nombre ; réunir l'Europe dans des liens fédératifs
indissolubles ; propager dans toutes les parties du
monde, aujourd'hui barbares et incultes, les bienfaits du christianisme et de la civilisation : tel doit
être le but de toutes les pensées de mon fils ; telle
est la cause pour laquelle je meurs martyr. » (*Récit
de la captivité,* tome II, pages 523 et 524.)

Voyons maintenant quels étaient les sentiments
du grand homme sur la religion en général, et particulièrement sur la religion catholique dans le sein
de laquelle il a voulu mourir.

II

Napoléon, avons-nous dit, croyait à la Divinité, ou pour parler plus exactement, à un Dieu suprême, créateur, ordonnateur, unique. Or, comme le propre de la religion, avons-nous dit encore, est de nous unir à ce premier Être, il avait compris de bonne heure que c'est à la religion à diriger l'homme intérieur, la partie de l'homme qui doit subsister après cette vie. Il avait compris également, que c'est sur ce fondement, sur ce principe, d'où découle la morale, qui s'évanouirait en fumée si on l'en séparait, que doit reposer l'édifice social. Voici en quels termes il en parlait :

« La religion était à mes yeux l'appui de la bonne morale, des vrais principes, des bonnes mœurs. Et puis, l'inquiétude de l'homme est telle, qu'il lui faut ce vague, ce merveilleux qu'elle lui présente. Il vaut mieux qu'il le prenne là, que d'aller le chercher chez les fripons. » (*Mémorial de Sainte-Hélène*, tome Ier, page 667.)

« Au fait la religion, c'est le repos de l'âme, c'est l'espérance, c'est l'ancre de sauvetage du malheureux. (*Récits de la captivité*, tome Ier, p. 298.)

« Lorsque je reçus le pouvoir suprême, mes idées étaient arrêtées sur les grands éléments du corps social ; je reconnus toute l'importance de la religion, je résolus de la rétablir. » (*Ibidem.*)

On voit qu'il s'agit du catholicisme, qui avait sa préférence ; il va en donner la raison :

« La religion chrétienne est celle d'un peuple très-civilisé. Elle élève l'homme ; elle proclame la supériorité de l'esprit sur la matière, de l'âme sur le corps. » (*Mémoires* publiés par le général Bertrand.)

« Dans cette religion, tout est pour amortir les sens, rien pour les exciter. (*Mémoires* publiés par le général Gourgaud.)

« J'aime la religion catholique, parce qu'elle parle à mon âme, parce que, quand je prie, elle met en action tout mon être, tandis que la religion protestante ne parle qu'à ma raison. » (*Récits de la captivité*, par le général Montholon.)

« Comme premier consul, j'ai relevé les autels du Christ. Pour cela, j'ai dû vaincre de grandes résistances... Mais je tenais à la religion de mon enfance... D'ailleurs, en relevant les autels de la religion catholique, j'assurais ma prépondérance à Rome et dans toute l'Italie. » (*Ibidem.*)

On demandera pourquoi, dès lors, a-t-il eu des

démêlés avec le premier représentant de cette religion dont il était le restaurateur? Pourquoi son enlèvement, et la réunion de ses États à la France?

Sur cela, il est bon d'entendre d'abord Napoléon lui-même.

« L'enlèvement du pape n'a jamais été ni prévu, ni ordonné par moi : c'est le fait personnel du général Miollis, vieux républicain qui commandait en chef les troupes françaises dans les États romains. Je le répète, jamais les querelles entre mon cabinet et le saint-siége n'ont eu pour cause une question religieuse; elles furent toutes politiques, et datent de 1805, époque à laquelle les escadres de la coalition menaçaient les côtes de l'Italie d'un débarquement anglo-russe. (*Ibidem.*)

« Quand je voulais avoir le pape à Paris, c'était pour donner à la religion catholique tout l'éclat de ma puissance. (*Ibidem.*)

« Paris fût devenu la capitale du monde chrétien, et j'aurais dirigé le monde religieux ainsi que le monde politique. C'était un moyen de plus de resserrer toutes les parties fédératives de l'empire, et de contenir en paix tout ce qui demeurait en dehors. » (*Mémorial de Sainte-Hélène,* tome II, p. 119, édition de 1842.)

Eh bien, c'était là, il faut bien le dire, avant d'aller plus loin, une pensée malheureuse, puisque la direction du monde tout entier ne pouvait appartenir à Napoléon, comme elle avait appartenu, dans les temps anciens, aux hommes de sa trempe, qui furent les instituteurs des religions, mais qui, dans les temps modernes, doivent se borner à en être les protecteurs, alors surtout qu'il ne peut plus être question que du christianisme, qui est la vraie religion du genre humain; tandis que tous les autres n'en étaient et n'en sont encore aujourd'hui que l'exclusion, n'ayant jamais eu pour principe et pour but la régénération de l'espèce humaine tout entière.

Il nous reste à considérer comment l'achèvement de la vie de ce grand homme est venu justifier ses sentiments éminemment religieux et chrétiens.

III

Napoléon avait trop de sagesse dans l'esprit pour ne pas aller lui-même au-devant de tout ce que prescrit le christianisme qui, comme tout le monde le sait, n'est pas une vaine spéculation, mais une connaissance qui tend incessamment à la pratique et à l'action.

D'ailleurs, il y était tout préparé par une secrète disposition de son cœur, ainsi qu'on peut en juger par les paroles suivantes, recueillies avec une scrupuleuse exactitude, comme tout le reste, dans les *Récits de la captivité* et le *Mémorial*.

« Je ne demande pas mieux que de croire ; je conçois que ce doit être un grand et vrai bonheur. Entendre la messe nous reposerait l'âme. J'ai trouvé un charme infini à me rappeler la piété de mon enfance. — C'est une bien belle idée que celle de la rémission des péchés ! Qui peut dire : Je ne croirai pas ? »

De plus, ce qui devait encore le disposer à s'acquitter des devoirs de la religion, c'est le malheur qui l'avait jeté par un coup terrible et soudain sur le rocher de Sainte-Hélène, et qui lui faisait dire : « On est moins malheureux quand on croit ; on trouve dès lors toujours en soi la force de supporter le malheur. »

Enfin, il n'y avait pas jusqu'à ces grands repos, que six années lui avaient procurés forcément, et qui lui faisaient reporter la pensée sur les merveilles de la création, et sur nos livres saints (note II), qui n'aient dû aussi le préparer, de loin et ensuite de près, à accomplir ses devoirs. Écoutons ceux qui en ont été les témoins :

« Lorsqu'il approchait du terme fatal, l'Empereur nous dit (ce sont les paroles du comte Bertrand) qu'il avait relevé les autels en France, rétabli la religion (expression qui lui était familière pendant qu'il était sur le trône), que dans ses palais, comme à Sainte-Hélène, il avait entendu la messe le dimanche, que ses derniers jours devaient être conformes au reste de sa vie ; que l'abbé Vignale devait dire la messe dans le lieu accoutumé, et réciter les prières des quarante heures ; qu'il faudrait, quand il le dirait, faire entrer l'abbé, et le laisser seul avec lui. Tout ce que l'Empereur a prescrit a été exactement suivi. Nul de nous, pas plus à Sainte-Hélène qu'aux Tuileries ou à Compiègne, n'avait à se mêler de ce qui

se passait entre l'Empereur et son aumônier... »
(*Mémoires* publiés par le général Bertrand, avant-
propos, page 54, édition de 1847.)

Au sujet de la messe, qui est le vrai culte des
chrétiens, le comte Montholon nous apprend qu'à
partir du 21 septembre 1819 (époque de l'arrivée
de deux chapelains, le plus âgé quitta l'île pour
raison de santé, le 17 mars 1821), elle avait été cé-
lébrée régulièrement à Longwood tous les dimanches et fêtes, et que c'était déplaire à l'Empereur
que de ne pas y assister.

Il est à croire que c'est le 20 avril 1821, au plus
tard, que Napoléon a imploré la miséricorde de
Dieu, à la faveur de la confession sacramentelle.

Ces paroles de Montholon le donnent clairement à
entendre : « Cette nuit, vers une heure, l'Empereu
m'a exprimé le désir de causer avec l'abbé Vignale,
et m'a ordonné de le faire appeler, ajoutant :

« Vous nous laisserez, mais vous reviendrez dès
« qu'il sera sorti de ma chambre. Arrangez-vous de
« manière à ce que l'on ne sache pas que je l'ai
« vu cette nuit. » J'obéis : l'abbé Vignale resta une
heure près de l'Empereur. Quand je rentrai, l'Empereur était très-calme; sa voix ne témoignait d'aucune émotion, il a causé quelques instants religion,
m'a demandé sa potion, et s'est endormi. » (*Récits
de la captivité,* t. II, page 529.)

Ce qui est de la dernière évidence, c'est que le lendemain, à une heure et demie, Napoléon a eu recours aux saintes pratiques de la piété chrétienne. « Savez-vous, abbé, dit-il à Vignale (c'est le doc- « teur Antomarchi qui rapporte ces paroles), ce que « c'est qu'une chambre ardente? — Oui, Sire. — « En avez-vous desservi? — Aucune. — Eh bien, « vous desservirez la mienne. » Il entre à cet égard dans les plus grands détails et donne au prêtre de longues instructions.

« Sa figure était animée, convulsive; je suivais, avec inquiétude, les contractions qu'elle éprouvait, lorsqu'il surprit sur la mienne je ne sais quel mou- vement qui lui déplut. « Vous êtes au-dessus de ces « faiblesses; mais que voulez-vous? je ne suis ni « philosophe, ni médecin. Je crois à Dieu; je suis « de la religion de mon père; n'est pas athée qui « veut. »

Nous interrompons le récit pour faire remarquer que c'est surtout dans ces détails, dans ces particu- larités, que se décèle la vérité de l'action morale et religieuse de Napoléon.

« Puis, revenant au prêtre : « Je suis né dans la « religion catholique; je veux remplir les devoirs « qu'elle impose et recevoir les sacrements qu'elle « administre. Vous direz tous les jours la messe « dans la chapelle voisine, et vous exposerez le

« Saint-Sacrement pendant les quarante heures.
« Quand je serai mort, vous placerez votre autel à
« ma tête, dans la chambre ardente; vous conti-
« nuerez à célébrer la messe; vous ferez toutes les
« cérémonies d'usage; vous ne cesserez que lorsque
« je serai en terre. » (*Mémorial de Sainte-Hélène*,
tome II, page 827.)

M. le comte Marchand, ancien valet de chambre
de l'Empereur, confirme ce récit dans la préface
du *Précis des guerres de Jules César*, publié en 1836.
Il n'y a que la sortie contre les philosophes et les
médecins, si excusable pourtant lorsqu'on songe à
la disposition d'esprit de ce grand homme à l'égard
de son médecin et des idéologues, qu'il paraît infir-
mer, en disant que « les paroles mises dans la
bouche de l'Empereur se placent mal dans sa mémoire. »

Ce qui ne saurait non plus être douteux, c'est
que, le 3 mai, Napoléon a adoré Jésus-Christ présent dans le viatique, et qu'il l'a reçu sous ce signe
sacré. « La fièvre diminue, dit le docteur Antomarchi. Nous nous retirons. Vignale reste seul, et
nous rejoint quelques instants après, dans la pièce
voisine, où il nous annonce qu'il a administré le
viatique à l'Empereur. » (*Mémorial* précité, tome II,
pages 855 et 56.)

Dès avant la réception de ce divin mystère, après
avoir résumé les conseils qu'il léguait à son fils dans

ces paroles : que « le but de toutes ses pensées devait être de propager dans toutes les parties du monde, aujourd'hui barbares et incultes, les bienfaits du christianisme et de la civilisation », il avait dicté au comte Montholon, malgré son extrême faiblesse et les peines du corps qui l'ont suivi jusqu'à sa mort, la lettre qui devait l'annoncer à sir Hudson-Lowe, et avait prié le général Bertrand de se réconcilier avec ce dernier (note III).

Enfin, à l'âge de cinquante et un ans, après six ans d'un exil titanique, et une maladie de quarante-neuf jours, causée, suivant les uns, par un squirre à l'estomac, et suivant d'autres, par une affection au foie, due à l'influence du climat, il rendait à Dieu, le 5 mai 1821, à six heures moins onze minutes du soir, « le plus puissant souffle de vie qui jamais anima l'argile humaine. »

Il est donc avéré que Napoléon était chrétien, et qu'il est mort dans le sein de la religion apostolique et romaine, ainsi que l'indique, du reste, son testament qu'il avait écrit de sa main le 15 avril précédent.

« Fortes têtes du jour, » dirons-nous avec l'auteur des *Mémoires d'outre-tombe*, « quittez votre

« admiration pour Napoléon ; vous n'avez rien à
« faire de ce pauvre homme : ne se figurait-il pas
« qu'une comète était venue le chercher comme
« jadis elle emporta César? De plus... il n'était pas
« athée, il n'avait pas comme vous livré bataille à
« l'Éternel, bien qu'il eût vaincu bon nombre de
« rois ; il trouvait que *tout proclamait l'existence* de
« l'Être suprême ; il déclarait que *les plus grands*
« *génies avaient cru à cette existence*, et il voulait
« croire comme ses pères. Enfin, chose mon-
« strueuse, ce premier homme des temps mo-
« dernes, cet homme de tous les siècles, était chré-
« tien dans le dix-neuvième siècle ! Son testament
« commence par cet article :

« JE MEURS DANS LA RELIGION APOSTOLIQUE ET
« ROMAINE, DANS LAQUELLE JE SUIS NÉ IL Y A PLUS
« DE CINQUANTE ANS.

« Au troisième paragraphe du testament de
« Louis XVI, on lit :

« JE MEURS DANS L'UNION DE NOTRE SAINTE MÈRE
« L'ÉGLISE CATHOLIQUE, APOSTOLIQUE ET ROMAINE.

« La Révolution nous a donné bien des enseigne-
« ments ; mais en est-il un seul comparable à celui-
« ci ? Napoléon et Louis XVI faisant la même pro-

« fession de foi! Voulez-vous savoir le prix de la
« croix ? Cherchez dans le monde entier ce qui con-
« vient le mieux à la vertu malheureuse, ou à
« l'homme de génie mourant. »

NOTES

NOTES

I

Malgré les doutes qui ont pu l'assaillir avant ses derniers moments (page 121).

On lit dans le *Mémorial de Sainte-Hélène* :

« Pourquoi notre religion n'avait-elle pas toujours existé ? — Pourquoi exclusive ? — Ne serait-elle pas une réaction des philosophes de la Grèce sur les Romains leurs conqué-rants ? — Chacun ne devrait-il pas conserver la religion de ses pères ? »

Voici ce qu'on peut répondre à la lumière de la raison et de la révélation :

1° Si le christianisme réalisé ne date, il est vrai, que de la venue de Jésus-Christ et de la publication de l'Évangile, il existe néanmoins, quant à son essence, depuis l'origine du monde dans la religion mosaïque, qui n'était qu'en attendant le Messie, et dans toutes les autres religions, qui ont conservé les dogmes de la déchéance et de la médiation plus ou moins altérés, plus ou moins transformés, comme on peut le voir par la pratique de leurs expiations et de leurs sacrifices, et par les célébrations de leurs mystères ;

2° La religion chrétienne est exclusive, intolérante même, pour la doctrine s'entend, parce qu'étant, en matière de foi, la vérité, l'ordre, la lumière et la vie, elle se trouve par là même essentiellement contraire à l'erreur, au désordre, aux vices et aux ténèbres ;

3° Le christianisme a pris naissance non en Grèce ou à Alexandrie, mais dans la ville de Jérusalem, d'où il s'est répandu miraculeusement par toute la terre en moins de trois siècles, malgré les persécutions des empereurs romains et la fureur du monde païen ; et ce n'est point à Socrate et à ses disciples, mais aux Hébreux et aux chrétiens, éclairés de la lumière d'en haut, que le monde civilisé doit la notion, l'idée d'un Dieu infini et parfait, qui a tout fait par sa volonté, sans avoir besoin d'une matière éternelle et existante par elle-même que lui ont prêtée bénévolement tous les philosophes de l'antiquité ;

4° Enfin, on ne doit vivre dans la religion de ses pères qu'autant que l'on est pleinement convaincu qu'elle est la véritable ou du moins la meilleure de toutes celles qui existent dans le monde ; mais pour peu que l'on doute, il faut s'éclairer de son mieux, et si l'on reconnaît qu'elle n'a pas le caractère de la vérité, la quitter et embrasser celle que l'on croit, en son âme et conscience, venir de Dieu. Autrement, il faudrait en conclure que l'idolâtre doit rester idolâtre, le juif dans la loi de Moïse, etc., et l'on voit, pour employer les propres expressions de Napoléon, à quelle foule d'absurdités tout cela conduit.

II

Reporter la pensée sur les merveilles de la création et sur nos livres saints (page 130).

« Les jeunes gens, disait Napoléon, ne croient pas, pour
la plupart ; mais, en vieillissant, tous les hommes deviennent
dévots, à de rares exceptions près. On dit à cela : c'est que,
quand le corps s'affaiblit, la raison perd de sa force. On a
tort. On devrait dire : La croyance vient avec l'étude, avec
la méditation sur les merveilles de la création ; il faut avoir
étudié l'œuvre de Dieu pour en comprendre l'immensité ; la
jeunesse jouit sans réflexion. » (*Récits de la captivité*, tome II,
page 173.)

« L'Empereur ne sort pas, passe sa matinée à lire la Bible,
et le soir cause religion ; il regrette de n'avoir pas été à
Jérusalem pendant sa campagne de Syrie. « La Genèse est
la peinture la plus fidèle des lieux qu'elle décrit ; en la lisant,
on s'y reconnaît partout, c'était pour moi un charme inexpri-
mable. Les Juifs errent sur la terre, ils sont plus de deux
millions, c'est un miracle constant. »   (*Ibidem.*)

« Quelle croix ! quelle croix ! s'écria-t-il au milieu d'une
partie d'échecs, après avoir commandé à quatre-vingt millions d'hommes ! » Et il se lève pour rentrer dans sa chambre où il finit seul la journée en lisant la Genèse. »

(*Ibidem.*)

« Le pape me disait avec raison : « Il ne faut pas mettre la « Bible dans les mains du peuple. » Et c'est vrai. Il faut un certain degré d'éducation pour ·la lire sans danger et y puiser de bons principes. » *(Ibidem.)*

« La Bible, c'est assurément bien édifiant, a remarqué l'Empereur, on ne le devinerait point en Europe. »
(Mémorial de Sainte-Hélène.)

« L'Empereur a terminé cette conversation en envoyant mon fils chercher l'Évangile, et, le prenant au commencement, il ne s'est arrêté qu'après le discours de Jésus sur la montagne. Il se disait ravi, extasié de la pureté, du sublime et de la beauté d'une telle morale, et nous l'étions de même. »
(Ibidem.)

III

L'Empereur avait dicté... la lettre qui devait annoncer sa mort à sir Hudson-Lowe, et avait prié le général Bertrand de se réconcilier avec ce dernier (page 134).

« Monsieur le Gouverneur, l'Empereur Napoléon est mort le... à la suite d'une longue et pénible maladie. J'ai l'honneur de vous en faire part. Il m'a autorisé à vous communiquer, si vous le désirez, ses dernières volontés. Je vous prie de me faire savoir quelles sont les dispositions prescrites par votre Gouvernement pour le transport de son corps en

Europe, ainsi que celles relatives aux personnes de sa suite.
J'ai l'honneur d'être,

« Comte Monthólon. » (*Récits de la captivité.*)

« Il est beaucoup plus satisfaisant pour nous de mentionner
que Napoléon, à son lit de mort, pria Bertrand d'employer
tous les moyens en son pouvoir et compatibles avec l'honneur pour se réconcilier avec sir Hudson-Lowe. Il espérait,
disait-il, que cela serait facile, vu qu'il avait été seul la cause
des différends survenus entre eux. Ce fut, dans tous les cas,
ce que madame Bertrand raconta à l'amiral Lambert, et elle
ajouta que son mari désirait remplir ce vœu de Napoléon
mourant. Dès que le gouverneur en fut informé, il résolut de
ne plus songer au passé, et accepta de grand cœur la récon-
ciliation offerte. Les deux comtes français vinrent tous les
deux à Plantation-House, le 12, et le gouverneur leur fit la
réception la plus courtoise. »

(Sir Hudson - Lowe. *Histoire de la captivité
de Napoléon*, t. III, p. 315, éd. 1853.)

Note du traducteur français : Napoléon « mourant dans
le sein de l'Église catholique, apostolique et romaine dans
laquelle il était né », comme il se plaît à le proclamer dans
le premier paragraphe de son testament, Napoléon « mourant
l'image du Christ collée sur sa bouche », comme dit M. de
Lamartine, pardonne même à celui qu'il regardait comme
l'instrument de son long martyre : que devient l'accusation
de scepticisme ?

FIN

TABLE DES MATIÈRES

PREMIÈRE PARTIE

HOTEL DES INVALIDES

DEUXIÈME PARTIE

MUSÉE D'ARTILLERIE

TROISIÈME PARTIE

TOMBEAU DE NAPOLÉON Iᵉʳ

QUATRIÈME PARTIE

DERNIERS MOMENTS DE NAPOLÉON Ier

www.ingramcontent.com/pod-product-compliance
Lightning Source LLC
Chambersburg PA
CBHW052358090426
42739CB00011B/2422

Hôtel des Invalides, musée d'artillerie et tombeau
de Napoléon Ier : suivis d'une notice sur ses derniers
moments / par... Constantin de Piétri

http://gallica.bnf.fr/ark:/12148/bpt6k63824501

hachette LIVRE   ⟨BnF   gallica BIBLIOTHÈQUE NUMÉRIQUE

9 782013 519410